合同法律风险
的全员管理

乔文湘　夏瑜杰　著

復旦大學出版社

乔文湘，法学学士、法律硕士、管理学硕士、管理学博士，锦天城律师事务所高级合伙人，主要执业领域为证券与资本市场，内部控制法律制度建设，主持多项IPO、定增与并购重组、股权激励项目。

乔文湘律师在各类杂志发表多篇专业论文，代表论文有《上市公司破产重整中对中小股东权益的保护》等，出版专著《律师法律服务对内部控制有效性的影响和机制研究》，为创新课程《合同法律风险的全员管理》联合创始人。

乔文湘律师曾作为特邀嘉宾，为第一财经解读重大财经事件，提供专业法律支持和现场法律评论，获首届"资本市场年度卓越执业英才"奖。

夏瑜杰，南京大学法学学士、哲学博士，锦天城律师事务所高级合伙人，主要执业领域为资本市场、知识产权、房地产、企业法律内控以及民商事诉讼、执行等法律业务。

夏瑜杰律师拥有五年法院工作的经历，加深了其对中国司法审判的理解，熟悉法院工作机制，为代理争议解决案件、执行疑难案件提供了良好的支持。

夏瑜杰律师先后在国家核心期刊发表《关于完善企业职工持股制度的思考》等多篇论文，出版专著《当代中国守法问题研究》，为创新课程《合同法律风险的全员管理》联合创始人，任中国资本市场"金勋章奖"评审委员会委员。

抛砖引玉,欢迎赐教

序　言

乔文湘律师是复旦管院的 EMBA 校友，复旦大学与香港城市大学联合培养的工商管理博士。博士毕业后，她依然知行合一，以理论指导实践，又从实践中提炼总结出有一般性指导意义的、理论化的知识。近来，她将多年潜心研究编写而成的《合同法律风险的全员管理》一书送我鉴赏。一方面，我赞赏其锲而不舍的研究精神，另一方面，我也好奇，内部控制历来侧重于从会计角度进行研究，而文湘从法律的角度切入，能否言之有理、自成体系呢？

我终于抽出时间，快速学习，读罢甚欣，感觉文湘从企业经营实践的具体环节入手，凭借长年企业法律事务咨询、诉讼之丰富案例积累，探索提炼出了一整套针对企业合同法律风险的内部控制体系，新鲜而有趣，陌生又似曾相识。全书文字没有法律文字的抽象和晦涩，相信一个受过基础教育的企业从业人士也能理解本书的内容。

在合同谈判、签署、履行的整个过程中，每个环节、每个员工的失误都会埋下合同法律风险的隐患，对会有千万人次参与的合同的风险点的控制历来是一大难题。本书提出合同法律风险控制要落实到参与合同的每个员工，每个作业环节，每个履约行为，要建立"合同管理、人人有责"的文化，为此文湘提出了控制合同法律风险的系统的方法论和一套具体方法，要在企业中建立"管到人人，人人参与，群防群治"的内部控制体系。

管理大师德鲁克说："管理是一种实践，其本质不在于'知'而在于'行'"。《合同法律风险的全员管理》提出全员管理的理念，并让企业在内部控制管理机制上可"行"，让员工参与防控能力上可"行"，这正是管理的基本要求和真谛。

文湘自谦这个工作不过是"捅破了窗户纸"的归纳整理工作，但她还是总结提炼出不少新的观点，例如合同行为的交换性与价值交换性的对应和正相关的关系，这个理论及其运用直观指导了合同付款或者标的交付的分期分批逻辑，让付款安排不再像菜场买菜讨价还价那样简单粗略，反映了商品等价交换和风险控制的内在逻辑。文湘对本书的展开更多的是基于实务操作，例如将抽象的法律规定还原为生动活泼的具体措施，提出违约责任设立的具体原则。本书一大亮点就是提出，控制权不仅包括法定的控制权、约定的控制权，还包括自主的控制权，而自主的控制权是企业不自觉的运用，基本上是一种本能和无意识的状态，本书将其上升到自觉的认识，为企业全面排查和控制合同法律风险提供了认识论基础。

企业的合同纠纷是诉讼的高发领域，标的大，涉及利益广泛，虽然每个企业是一个商事主体，但其背后都承载着成百上千乃至过万员工的利益和命运，间接影响极大。长期以来，企业困于诉讼的教训，提出了管理端口迁移、重大合同事项提级管理或者备案等，但"管什么、怎么管、谁来管"这些具体问题并没有得到真正解决，本书系统地提供了解决方案，通过一系列措施把合同文本搞好了，履行合同过程管好了，才能使交易双方降低或者消灭不同认识。不同的认识是导致纠纷的重要起因，解决了认识不统一的问题，就在很大程度上避免了诉讼。

为本书作序之际，欣闻文湘的律师团队在进行"合同法律风险的全员管理"的全国公益巡回演讲，受众有央企，省属、市属国有企业，广大民营企业负责人，大家就管理实务进行了热烈而卓有成效的讨论，说明这个主题和内容是接地气的，对解决企业实际难点、痛点是有实效的。

我希望广大的企业家和职业经理能接触到本书的内容，并应用到企业的内控实践中，通过管理到位，定分止争，有效减少诉讼，营造友善的供求关系，以获取持续稳定的市场，助力企业可持续发展。

陆雄文

复旦大学管理学院院长

2024 年 7 月 16 日

自　序

本书第一次提出了如何对合同法律风险进行系统控制的问题，结合企业合同法律风险管理的痛点，提出了一套可直接运用的方法论和具体方法。然而，鉴于其中原创性颇多，对于能否对企业运营管理有直接的帮助，能否为企业所接受，我们依然心怀忐忑。

针对这个内容，笔者团队举办了数十场的讲座，受众有大型国企、民企、上市公司、参加园区培训的众多企业高管。讲演的效果让我们有信心确认这本书对于提升企业运行质量、控制法律风险的价值。

农夫山泉有一句大家耳熟能详的宣传语：我们只做大自然的搬运工。而笔者也是秉承同样的想法，将企业运行中控制法律风险的方法加以原创性地挖掘、归集并提炼，其施行之易在于这套理论体系和方法本就在你身边，只须捅破一层窗户纸。本书内容源自实践，又更富逻辑性和系统性。

大道至简，本书通过复旦大学、香港城市大学、长江商学院具有实战经验的教授，包括这几所学校的校友企业家和我们服务的客户，笔者带领下的律师团队的集体智慧与经验，横跨法律、管理、哲学几个专业领域，形成交叉研究的成果。回顾这个课题的探索过程，我们经历了困惑、迷茫、豁然开朗，诚如那句："众里寻他千百度。蓦然回首，那人却在灯火阑珊处。"

2006年，乔文湘博士就读复旦大学EMBA，在与很多企业家同学的交流中，他们觉得合同法律风险管理很重要，却又无从下手。在进行EMBA论文选题时，因为从事律师工作，一些同学就建议：乔同学，你能不能不要凑合一篇毕业论文，好好研究一下企业如何能够管理好合同的法律风险，为我们搞企业的同学提供一个直接有效的管理工具？而与此同时，复旦大学著名学者、内控专家李若山教授也以其敏锐的眼光注意到了企业合同法律风险管理的难题和这一领域的空白。因此，最终选择这样的题目作为毕业论文，适逢其时但也的确是一个挑战！

大家觉得合同法律风险就像病毒一样，不好抓不好管，生病了才知道它已经闯了祸。幸运的是，我们找到了内部控制的视角；遗憾的是，早些时候并没有找到管理的切入点。但是，艰苦的探索也让笔者深刻认识到减少讼累、专心运营是企业高质量运行的基本要求，解决合同法律风险的管理问题对于企业发展具有普遍的重要作用，所以笔者继续攻读香港城市大学DBA，继续对这个课题的研究。令人欣慰的是，这个阶段的学习完成了将合同法律风险管理对象具体化的问题，形成并出版的阶段性成果——《律师法律服务对内部控制有效性的影响及机制研究》，为系统管理合同法律风险提供了理论和方法体系支持。2019年，我们团队结合企业合同法律风险的具体情形，提出了"合同管理五步法"，并于同年5月份开始组织给大型国企、上市公司、政府部门的相关领导进行培训，举办了多场讲座，收获了广泛好评并被媒体多次报道。

我们有了更多的机会与企业高管们交流讨论，总结企业经营中出现的问题，合同在企业经营活动中产生、履行的形式和运行机制，以及参与合同的具体人员的融入方式。面向一线操作，提出了对于参与合同的所有人员、所有合同行为进行全面管理，所有人员人人参与管理的理念，并提出了具体的实施方法和机制，并于2023年初推出了"合同法律风险的全员管理"系列视频讲座。疫情之后，笔者又访谈了很多长江商学院的校友，倾听来自一线的声音，本书就是在这个基础上整理而成的。

诉讼的样本分析告诉我们，在合同洽谈、文本形成、合同履行的每个环节，任何一个员工的不当行为都可能引发法律风险。一个企业每年有数百、数千甚至数万份合同，这些合同在签署、履行过程中，都有不同部门、不同岗位的千万人次的参与，那么这些人所做出的无数次行为，要如何才能管理得到呢？本书给出了答案。有位同学说：就像捅破窗户纸，有人捅的时候会发出纸张破裂的声音；有人弄湿了纸再来捅，就会悄无声息。你们所讲的内容，就是无声捅破窗户纸的技巧，不知则吃亏，知道了则易学易会。希望您读完这本书，也有这样的收获。

笔者作为律师之所以能够完成此项研究，有以下原因：其一是指导老师的高屋建瓴；其二是通过学习对于管理学有了一定的掌握；其三是和大量的企业家同学、朋友的坦诚交流；其四是笔者从事证券法律业务，对于企业的运营和内部控制有比较深入的了解；其五是我们的律师团队具有丰富的合同起草审查经验以及诉讼经验。这就使我们有可能从企业经营的实践出发，从多个角度总结合同法律风险产生的具体情形和原因，提出解决方案。

在本书出版之际，特别鸣谢复旦大学李若山教授和洪剑峭教授、香港城市大学陈子光教授和李国安教授等专家学者，以及各位企业家同学和我律师团队的同事们！

疫情的背影已逐渐远去，但在一段比较长的时光里，企业的恢复和发展仍将处于相对脆弱的状态。即便所有的合同都得到适当履行，尚难保证企业的顺利发展。更何况一旦合同法律风险控制不好，纠纷出现，一个诉讼带来的查封账户，就能让企业现金流陷入困境，从而发生经营危机。

经济脆弱性上升比任何时候都更要求企业远离合同法律风险。若不能有效管控合同法律风险，企业对于自身法律风险的认知就会陷入盲目境地，企业运行便犹如暗夜狂奔，很难不跌大跟头，甚至万劫不复！

谨以此书献给复旦大学管理学院、香港城市大学管理学院、长江商学院，献给我硕士、博士阶段的指导老师们，献给为此书作出贡献的企业家朋友和我的律师团队！

乔文湘

2024 年 4 月 8 日

前　言

合同是企业开展经营活动，与外界进行经济联系最重要的纽带和最基本的方式，是企业参与人数最多、参与人员素质最良莠不齐、涉及不同方面最多的一种活动。合同不仅受到自己企业的不确定性的影响，也受到交易对手各种不确定性的影响，甚至是来自第三方因素的影响，例如企业违规被查处而面临可能停业整顿、停产风险，这就决定了合同法律风险管理内容的广泛性、复杂性。这些法律风险因素看起来都是简单的事项，但涉及面广、分布散乱、管理对象多。一个诉讼可能会让企业吃足苦头甚至遭受重创而一蹶不振。而诉讼的根源可能只是合同文本上一个语文小错误，也可能是履行过程中一个普通员工的小失误。正如某企业家所担忧的，天鹅太多，没准哪个员工一个行为不当就给企业带来很大困扰，防不胜防。找赛道、做战略管理、融资管理、供应链管理、竞争战略，大的事情都是事无巨细，做的多好啊,自己甚至都为自己鼓掌啊!但就是没想到企业会被合同风险几乎给拖入万劫不复。怎么管?怎么办?如果连这些也要自己亲力亲为地参与,怎么可能?!

如果说小企业会面临这样的烦恼,那大企业在这方面就一定做得好吗?未必!让我们看看两个大厂广告翻车的案例。国际老牌奥迪汽车,未经授权在广告中使用了别人的文学作品[1],新贵小鹏汽车则未经授权使用了他人照片,出现了广告素材侵权的低级错误[2]。

小鹏汽车的广告照片相当震撼;而奥迪汽车手笔更大,邀请了著名影星刘德华声情并茂地演绎一首小诗。画面很唯美,台词很煽情,眼睛、耳朵受到这么惊心动魄的冲击后传递到大脑,确实可以勾起消费的小心思,只要家庭会议批准,恐怕不少帅哥靓女就要下手了。

而此时忽然来了名不见经传的第三方,一个说照片是我的,另一个说小诗是我的,谁让你用的啊?快快的,赶紧撤下来!名企侵权毕竟是很尴尬的事儿,奥迪解释为把关不严,而小鹏汽车则归结为供应商提供的素材。奥迪还有点自责,而小鹏则直接甩锅给了供应商,一脸无辜,手法漂亮!

---

[1] 奥迪事件:奥迪回应视频文案侵权:监管不力、审核不严,将全面下架该视频,蓝鲸财经,2022-5-22。
[2] 小鹏事件:汽车界又曝侵权,小鹏汽车盗用照片,供应商已道歉,视界,2022-6-3。

对两位大咖回复此事件的诚意我们不予置评，但换个角度，他们又何尝不是说出了部分事实。这样的大企业的合同成千上万，像一个照片、一首诗歌这样具有法律意义的要素更是多到数不胜数，怎么管得过来？企业也有无奈！然而法律会因为无奈而饶过谁呢？该道歉的还是得道歉，该赔偿的还是得赔偿！

真的无奈吗？如果这样，那么企业岂不是要时刻在法律风险的高位上运行吗？所以很多企业都在努力管理法律风险，但是却很难管理到位，问题在于没有找到合适的管理方法。

照片、诗歌不仅是艺术文化作品，更具有法律属性，当它们进入广告合同成为合同的内容之后，就是企业所要管理的法律要素，那么企业认识到这个问题了吗？如果认识到，采取了什么措施？这个措施是否得到落实呢？

我们给企业的建议，可以归纳为三步，且看如何破题。

第一，照片、诗歌出现在广告中，即进入了合同履行的过程，它们就是一个法律要素，必须纳入管理范围。

第二，管理的方式是什么？当然不能指望你的交易对手都没有问题，你自己要有一个甄别的意识，建立甄别机制，这个甄别是由你的员工执行的，要管理到员工。

第三,实行闭环管理,确保你的员工落实了甄别机制。不要对员工讲执行力这样空洞的事,需要机制来落实执行力!

通过这个小例子,我们发现了管理合同法律风险的基本思路:管理到参与合同的每一个人,管理到他们的合同行为。这个方面管住了,合同法律风险也就控制住了。

企业遇到的诉讼,除了故意违约或者法律对于某个交易模式存在滞后而具有争议外,绝大部分都是合同文本、合同履行中员工行为的失误造成的。合同行为成千上万,几乎每个职工都可能成为执行者,因此,除了企业要有适合自己情况的风险管理制度和机制外,每个员工也是自己行为的管理者,风险可能因为任何一个人的行为而产生,那么每个人都应成为防控法律风险的主体。

合同法律风险的控制不是一个制度、几个法务能够解决的,这是一个群防群治的问题。

相对于合同法律风险的管理,许多企业更重视诉讼,当然对于一个已经发生的诉讼而言,必须重视,力争最好的结果。不少企业一旦败诉,总是找律师、找法官的原因,觉得自己遇人不淑,遭遇司法不公。枉法裁判的案件当然是有的,但如果白纸黑字,你拿着欠条去起诉,又有哪个法官胆子如此肥,敢判你败诉呢?遇到诉讼，找能人、托关系，实在是一件高风险的事儿。我们的企业家须知这样的道理："诉讼结果是管理出来的，不是打出来的！"

企业应当更加重视合同的过程管理。失误越少，争议越少，即使有了纠纷，也更容易协商解决；即使诉讼，败诉的风险也大大降低。控制好合同法律风险将会使企业平稳运行，没有哪个诉讼缠身的企业能活得好，活得久！

合同管理，人人参与，但是你很难要求你的员工在法律问题上都是高手。他们不仅不是高手，甚至很可能是法盲！比如传达室的门卫师傅，你能要求他知道送达期间的法律规定吗？不可能！所以我们合同法律风险管理既要发挥员工的主动性以求群防群治，又要不依赖于员工个人知识水平。员工法律知识水平参差不齐，一个企业的法律风险防控水平应建立在一个稳定的制度、机制之上，不因为员工的更换、岗位的调整而出现大的波动。帮助企业实现这个目标，是我们的真诚希望。

为了实现这个目标，本书对于合同法律风险发生的情形、原因做了分析，提出了具体的解决对策。

本书的创新之处在于以行为为切入点，将合同法律风险的因素具体化、对象化，从而让管理合同法律风险成为可能。同时对于企业合同管理中的一些措施进行归纳提升，提出了路径方法、抗辩性思维、控制权、动作准则、再确认等控制模式，建立了法律知识流动的金字塔模型和辅助的思维方式，解决了法律资源如何在企业运营中像血液一样流动的重要问题，从而让管理合同法律风险成为现实。

君不见，有不少"大企业"配备了庞大的法律部门，甚至有自己的律师事务所，结果还是不能将法律管理的触角深入下去，法务变成解决纠纷的主要工具，最终导致纠纷不断，疲于诉讼。而如果解决了法律风险的系统性管理问题，又何至于此呢？

工欲善其事，必先利其器，没有正确的方法，下再大功夫，出再多成本，也无济于事。上面两个汽车企业的法律成本每年应该也不少吧，但还是出现了那样的低级错误。有了正确的方法，则不仅仅是事半功倍，而是能取得极大的成效。

定分止争，合同法律风险控制好了，定分的工作就做好了，止争也就在最大程度上做到了。从这个意义上讲，合同法律风险的控制是企业向善的法律方面的表现，是营造和谐的企业外部环境、客户关系的重要手段。衷心希望本书提出的方法论和具体方法，能够帮助众多的企业实现对于合同法律风险的有效控制。

目 录

第一章
管理视角下的合同　　001

第一节　行为——合同法律风险管理的切入点　　003
第二节　行为属性　　006
第三节　基本方法　　013

第二章
偏离的情形与处理方法　　029

第一节　违约的情形与处理　　031
第二节　不可抗力　　034
第三节　情势变更　　036
第四节　附条件、附期限的行为　　042
第五节　估值调整　　045
第六节　偏离校正的基本内容　　046

第三章
行为能力 051

第一节　行为能力的构成　053
第二节　资格能力的表现与识别　057
第三节　财务能力的表现与识别　062
第四节　生产制造能力的表现与识别　068
第五节　行为能力的强化　069
第六节　行为能力的持续性与风险判断　070
第七节　行为能力风险的灵活把握　072

第四章
行为交换属性与顺序性 075

第一节　行为交换的交换性　077
第二节　风险发生的机制　078
第三节　交换机制衍生的抗辩权　079

第五章
行为的客观性与证据管理 081

第一节　诉讼结果是管理出来的　083
第二节　证据的基本要求　085
第三节　证据管理的基本内容　089
第四节　动作准则　095
第五节　确立事了案结的管理原则　098

第六节 赋能档案管理 099

第六章
抗辩性思维 103

第一节 抗辩性思维的核心在于思维导向 105
第二节 抗辩性思维应用场景 107
第三节 抗辩性的思维方式是群防群治的基础 115

第七章
控制权 117

第一节 控制权的对象 119
第二节 控制权的内容 120
第三节 控制措施的权力来源 123
第四节 控制权的类型 126
第五节 控制权的应用原则 134
第六节 违约金解读 137

第八章
文本的形成 145

第一节 文本能力属于软实力 147
第二节 解决合同内容的完整性的方法 148
第三节 表达准确性的解决方法 161
第四节 表达确定性的解决方法 168

第五节	矛盾的产生原因与对策	177
第六节	指引性错误的解决方案	182
第七节	别字词错误	184
第八节	专用条款衔接错误	187
第九节	操作性的问题	191
第十节	如何正确对待法律审查意见	192
第十一节	如何正确看待合同瑕疵	205

第九章
控制权在文本阶段的应用实务 211

第一节	选择合适的交易对手	213
第二节	有序释放价值	215
第三节	容易发生的错误	220
第四节	加强法律服务的沟通	226

第十章
合同履行中的风险控制 229

第一节	合同履行阶段是风险控制的基础	231
第二节	合同效力管理	234
第三节	行为前的风险检查与处置	240
第四节	对交易对手能力的持续监控	248
第五节	关键点管理	252
第六节	衍生义务的管理	260

第七节　检查权	262
第八节　陷阱防范	263
第九节　不要拒绝馅饼	269
第十节　要式行为管理	270
第十一节　变更的通知义务	271
第十二节　侵权的管理	273
第十三节　前置程序管理	274
第十四节　提存的风险控制	275
第十五节　应收款的处理策略	277
第十六节　法律信息的构成与有效传递的管理	281

第十一章
诉讼管理　285

第一节　诉讼时机的选择	287
第二节　诉前准备的始点	288
第三节　诉讼管理的工作内容	288
第四节　企业要建立诉讼管理的体系	289
第五节　律师遴选	291
第六节　诉讼过程管理	293
第七节　执行管理	295

第十二章
法律资源的流动　299

第一节　金字塔体制	301

| 第二节 | 法律知识流动机制 | 302 |
| 第三节 | 强化群防群治的思维氛围 | 307 |

第十三章
合同诈骗的识别 311

第一节	合同诈骗的基本形式	313
第二节	虚构事实或者隐瞒真相的诈骗	313
第三节	合同下的诈骗	315
第四节	以小博大的诈骗	316
第五节	担保形式的诈骗	317
第六节	隐蔽形式的诈骗	318
第七节	"协议变更"的诈骗形式	319
第八节	机不可失的陷阱	321
第九节	"中介"诈骗	323

第一章

管理视角下的合同

本章主要解决一个基础问题，如何重新审视合同，让合同中的各个因素具体化，变成可以管理的对象。

经典理解是从法律角度出发的，合同是民事主体设立、变更、终止民事法律关系的协议。这个定义的核心是民事法律关系，其表现为权利义务。民事法律关系与权利义务同样极为抽象，在这样的纯粹的法律视角下去理解合同管理，是极为困难的。

抽象源于具体，因此当抽象还原到具体，那么其管理就成为可能了。所谓民事法律关系主要的表现和内容就是权利义务，而权利义务则是依靠交易双方履行相应的行为来实现的。行为就是这个"具体"。

沿着这个思路，我们将会打开合同法律风险管理的秘密。

第一节
行为——合同法律风险管理的切入点

合同的法律风险控制是在企业运营过程中实现的。管理合同法风险,首先需要解决的问题就是:在管理的视角下,合同是什么?

我们理解合同是从法律的视角开始的,合同是民事主体之间设立、变更、终止民事法律关系协议[1]。"合同民事法律关系"一般就是指合同各方的权利义务,形式上表现为合同各方各自享有的权利和应当承担的义务。正是权利义务依然十分抽象,才让企业管理者觉得纷乱繁杂,无从下手。

例如交付义务,从法律这个角度来解读,交货是指卖方要把货物交给买方,交掉就行了,那为何还需要收条呢?条款上又没有写收条问题。从义务角度来看,拿收条也不是交货的应有之义,为何要有收条呢?但是大家都知道收条很重要,没有收条你就不能证明你交了货。收条问题就是交付证据问题,但从义务角度看,得不出交付要拿收条的结论,不能解决证据管理的问题。

但是从行为的角度来说,这个问题是可以解释的。行为具有客观性,所谓客观性就是曾经发生过,真实存

---

[1]《民法典》第四百六十四条规定,合同是民事主体之间设立、变更、终止民事法律关系的协议。

在的事实,就会有痕迹,这个痕迹就是收据。客观性具有再现的能力,这个再现的载体就是证据。

合同约定的一些事项例如通知,在合同上只能约定为通知权利或义务,但如何实现通知或者如何处理通知,则是企业内部的管理问题,自然不能在合同上明确,但作为企业运营来说,则是必须管理到的一个重要事项,否则就会出现法律风险。

企业如果出现环保违法被立案调查,那么这个事件与合同有关系吗?很多人可能觉得没什么关系,从合同条款或者从权利义务方面也看不到什么关系,但是实际上却不然。如果这个公司是你的卖方,你还会把大笔预付款支付出去,等着两个月后交货吗?显然会有顾虑。如果违法后果很严重,这家公司被责令关停了呢?那你这个预付款可能就打了水漂。为何如此呢?因为一旦被责令关停,企业就失去了生产制造的行为能力,所以看似合同之外的因素,在行为的视角下,依然是法律风险的管理的对象。

经营是有机统一的,法律是为经营服务的,它们应该有着有机的统一和联系。但是当你讲合同法的时候,忽然讲证据规则、许可法、侵权法,你会觉得很别扭,看不出他们的内在联系。但从行为的角度,我们就可以看到其内在的统一性:行为客观性要求证据证明,所以要遵循证据规则;失去许可就不能进行生产,就失去了行为能力；而任何行为都有合法性的要求，不能出现侵权。

管理合同法律风险各个方面统一的基础是行为。以上是一个归纳过程，通过后面关于行为的各种属性的分析，我们会发现行为的角度可以涵盖合同法律风险的各个方面。

合同只是基于交易而产生的一个形式，没有交易就无所谓合同。合同过程最为基础的就是行为，交易是通过双方进行一定的行为来完成的，没有行为就没有互动，更何来交易呢？交易的发展分为三个阶段：（1）协商交易内容，即双方都要做什么；（2）表达和固定交易内容，形成合同；（3）履行合同，完成各自行为。另外一个就是衍生的部分，一旦不能正常履约，各自会采取相应的行为。

合同从起点到终点，所涉及的都是行为。交易主体约定合同行为、实施合同行为，若不能正常履行合同，则根据合同约定、法律规定或者案件具体情况采取相应行为。

从归纳和演绎的两个方面，我们可以得出一个非常清晰的结论：合同法律风险管理的切入点就是行为。

在管理视角下，所谓合同就是交易主体合作起来，通过实施各自的行为完成同一个事情即一项交易。因为行为的多重属性，所以才有不同的法律、法规予以规制，以交付产品这个行为为例，交付这一行为涉及：

（1）交付是否符合约定，这是实体法律行为。

（2）如果对方提出异议，在诉讼中能否证明自己交付过，交付是否符合要求？这个是证据问题，是程序法律行为。

（3）如果对方对于交付行为提出异议，内部应该如何处理，然后如何对外反馈？交付行为涉及实体法律《民法典》、程序法《民事诉讼法》、企业内部管理制度等。所涉及的不同方面虽在形式上看起来不相关联，但从行为的角度分析，我们很容易就能发现这些方面只是行为不同属性的反映，它们是行为这个根上发出的不同的枝条。

从行为的角度去理解合同，我们就能将管理的对象具体化，像管理物流、管理仓储、管理市场、管理人力资源那样实现对于合同法律风险的管理。

行为各有其属性，搞清楚了这些行为属性，以及表现形式，将为我们提供有效控制合同法律风险的利器。下面我们就对于行为的各种属性展开分析。

第二节
行为属性

属性一般指事务可以用于辨认的基本性质或者特

征。合同行为的属性就是交易行为所具有的基本特征。这些特征是多维度的。这些特征让我们将合同与其他事物区别开来,例如合同行为不同于侵权的行为,不同于企业内部的战略、人力资源政策等事务,也不同于企业的违法违规事项。

一、行为内容的约定性

合同又称为合约,顾名思义,是双方对于未来要做什么、怎么做的约定。

约定性是合同最首要的特点,约定性让合同与侵权,也与不当得利、无因管理区别开来。

侵权是单方面的行为,踢球踢到了人家窗户上,打碎了玻璃,这个肯定不是双方商量好的动作,这个踢球的人要么是无意造成的,要么是故意损坏人家财物。你很难想象,张先生对李先生说,你把球踢到我家窗户上吧,看看能不能把玻璃打碎了。

除极少数采用口头约定或者其他形式,绝大多数交易以书面的形式记载双方达成的共识[1],当发生争议时,以书面约定作为审理、判决的依据,可见合同文本之重要。

采用书面形式自然就会涉及表达问题。实践中,合

---

[1] 《民法典》第四百六十九条规定,当事人订立合同,可以采用书面形式、口头形式或者其他形式。

同文本这样那样的问题很多，既有双方水平、态度、专业能力不足引起的瑕疵，也不乏"高手"设下的合同陷阱。起草、审查、制作合同文本的能力是软实力，这个是企业务必要关注的。

书面形式决定了合同文本的表达要符合一定的要求。这里我们先指出具体要达到的要求，关于表达会出现错误的原因和解决方案，在后面的章节中我们会进行详尽的分析。

1. 内容的完整性

内容的完整性就是把交易所需要的行为全部约定并记录下来。内容不完整，合同在内容表达上就会出现断点、遗漏；交易过程就没有办法顺利进行甚至无法完成。

2. 表达的准确性

表达的准确性是指合同的书面表达意思和当事人协商的内容应该是一致的。实践中，约定不明确、表达产生歧义，更有甚者表达反了的情况都有可能出现。

曾国藩与太平天国作战时总是第二名，在鄱阳湖一战更是大败，他上奏请求皇帝打板子，奏章上写"屡战屡败"，幕僚却将其修改为"屡败屡战"。曾氏请罪当然是为了继续大干，但"屡战屡败"说明本领不行，下岗是最好的安排；而"屡败屡战"则表现出不认怂，勇气可嘉，当然是可以继续工作的。

文采如曾国藩尚且如此，普通人就更容易在这个方面出现问题了。

3. 表达的确定性

表达的确定性是指对于行为内容和方式的描述在理解上是唯一的，只能是这样，而不能是那样。如果一个行为既可以这样做，又可以那样做，那么合同履行中就存在很大的不确定性，交易还怎么能进行得下去呢？

4. 避免矛盾

合同就同一个事项不能有矛盾的约定。

5. 避免条款指引错误

为使文本简洁，合同中经常有指引性的条款，例如"违反本条约定，按照本协议第二十条第三款处理"，但实际上很可能根本没有这一条或者这一款，又或者指向的应该是第八条第三款。

其他还有错别字、文法错误等问题。

二、行为能力

行为能力是指完成合同的能力或者承担法律责任的能力，是进行交易的前提。

行为能力不仅要在合同开始时就符合要求，并且要具有持续性即交易对手在合同终结之前保持与相应的义务和责任对应的行为能力。

行为能力及持续性的意义在于：建立对交易对手的能力监控体系，识别法律风险。

行为能力具有叠加的特点，当我们一开始可能就会面临交易对手能力的不足的问题，例如支付能力的不足，或者担心其未来盈利能力，那么就可以通过强化当事人的行为能力来解决问题，这就产生了担保、债务加入等一系列法律制度。

三、行为的客观性

所谓客观性就是不以人的主观意志为转移的客观存在。就像你夜里没有观察到太阳，但是太阳确实客观存在。

法律领域就不一样了，你借给李四 1 000 元，虽然没打收条，但不管李四承认与否，借款的事实确实发生过。

如果李四不承认呢？法院还真要判你输了官司。

客观性不等于说得清。说不清就要吃亏，说得清就要有证据。客观性对应着证据，但并不是证据就在那里，等着你随用随取。

因此，客观性是需要管理的，它对应着证据的系统管理。

四、行为的可操作性

简单来说，行为的可操作性就是能够做到；不具有操作性，则有如下几种可能的基本情形。

1. 客观上难以做到

受制于客观条件，例如有些合同约定的维修服务响应时间是两小时内人员到现场,其操作性就比较差。

2. 利益权衡之下,做不到

此种情况不是法律上无法做到,而是会对公司其他事项造成重大影响,代价太高。

3. 行为要素不全,约定不清晰

例如送货,对送什么货、交给谁、送到哪里、用什么方式运输等因素的约定均不清楚。

五、行为的交换性

商品交换,在企业经营中主要是通过合同方式实现的,实现机制上则是通过交易双方一系列具体行为来完成。交易一方通过一个(或者一组)履约行为换取另一方的一个(或者一组)履约行为,所有的合同行为履行完了,也就意味着交换完成,这个最终的交换完成就标志着交易的完成。从这个意义上看,双方的每个合同行为都具有相互交换的性质,这既是合同的实现形式,也揭示了法律风险产生和预防的机制。

合同行为的这种属性,我们称之为行为的交换性。

六、行为的顺序性

完成一个交易,双方要进行一系列复杂的合同行为。如果以时间为轴,将这些行为排列起来,是一个有顺序的图轴(见图1-1)。

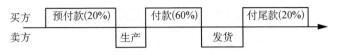

图1-1 买卖行为的顺序性

行为的顺序性是指交易各方执行合同的每个行为根据交换的对应性在时间上有先后顺序。

行为的顺序性,给我们直观地观察交易,控制风险提供了至少两个非常重要的方法。

◆ 这个排列为我们提炼路径方法,解决合同内容的完整性;因为一些行为之间的顺序是有其逻辑的,例如发货—验收—安装等。

◆ 这个顺序性的特点,为合同风险控制提供了直观的解决方案,是抗辩权的基础;关于抗辩权我们会在合同控制权部分专门进行分析。

七、行为合法性

合法性的说法用在权力行为领域比较准确,在民商事领域则却不是十分恰当,但多年来人们已经习惯了合法性的说法。"法无明文禁止即可为"是市场经济中极为重要的原则,也是合法性的一个重要注脚。法律禁止意味着当事人预期的合约结果不被法律所支持,在此范围之外都是可以做的。对于民商事行为,禁止意味着法律的强烈否定,那么在强烈否定之外还有其他不同程度的否定,既然没有达到禁止的程度那说明还是可以酌情为之，这就涉及合同实践中的重要问题：存在法律瑕疵如何处理？

八、行为构成要素属性

每一个合同行为都会涉及很多的因素，一个行为，最基本的要素为"4W+H"。

何事 What
何人 Who
何时 When   + 如何做 How
何地 Where

这些行为要素不仅仅是空间、时间、法律权属的变化，例如交货涉及谁来交，交给谁，何时何地怎么交货。除了交这个动作，还包括了合同的其他静态因素，如什么货，质量、型号、数量、颜色等。

行为构成要素可以直观直接地帮助我们观察约定操作内容的完整性、确定性，对于解决可操作性和发现偏离情形具有重要的作用。

第三节
基本方法

如果没有基本方法来分析应对合同管理中的问题，

那么控制合同法律风险将面临极大的困难。

下面我们将根据合同法律风险的特殊性，提出一些控制合同法律风险的基本方法。

一、路径方法

我们观察图 1-2 的买卖合同图，看看合同行为的直观分布。

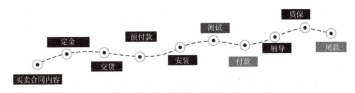

图 1-2　买卖合同行为图

这些行为在时间上有先后，或者同时发生，但总体以先后顺序为主。如果以时间为轴线，将这些行为以发生时间进行排列，我们发现这些行为把合同的起点与合同的终点连接起来，每一个行为都向完成交易目标前进了一步，如果其中有哪一步缺失，都会构成路径中断，都不能完成这个合同。例如卖方收不到预付款，则不可能发货；如果没有安装，则测试无从谈起；同样，如果买方没有支付尾款，卖方也没有完全实现交易的目的。只有各方都按照交易的要求完成各自的行为，才能最后顺利达成交易目标。

只有这些步骤都走完了，那么才能成功到达交易的彼岸。

由图1-2可见,所有的行为一步步走向交易的完成,这些在时间上有序排列的行为构成了交易从开始到达终点的道路,我们称之为路径。这种以交易所必须的行为为基础,考察合同内容的方法,我们称之为合同的路径理论。从路径的视角来考察合同内容的方法,我们则称之为路径方法。

路径可以分为正向路径和逆向路径。逆向路径是在偏离情况下产生的,是与完成交易目标背道而驰的。

1. 正向路径

为了完成交易,买卖双方都要完成相应的行为。以买卖合同为例:

⊙ 卖方要做的事情,例如设计、生产、发货、安装、调试、质保等事项;

⊙ 买方要做的事情,例如安排预付款、中间付款、安排验收、最后支付质保金等事项。

考察这些行为后我们发现,每个行为都指向合同的最终完成,每一个行为的发生都向实现合同目标接近了一步。这些行为都按照约定完成了,那么交易也就实现了。这些行为的指向都是实现交易目标,从这个意义上,由这些行为所形成的合同路径我们称之为正向路径。

路径可以分为以下两类。

⊙ 主路径：一个完整的交易的实现，需要很多行为。而在这些行为中，依据其所占据的地位和性质不同，又会有所区分。例如付款、交付、验收、安装、调试、支付质保金等是路径的独立行为，通常我们称之为环节，它们构成了主路径；这个主路径好比树干。

⊙ 枝路径：而这些独立的主路径行为例如验收，也存在验收方式、验收的时间、验收确认等细枝，验收是其中的一个环节，那么完成验收所需要的行为也会构成一个验收枝路径。与此类似，可能还存在交付路径、培训路径、产品质量检验路径、异议路径等。

交易的完成是通过正向路径实现的，由此正向路径在合同内容中也就处于主要的、决定的、基础的地位。正向路径是否认识充分，决定了合同基础是否坚实，在谈判中，我们经常发现不少人对于违约责任极为重视，但对于如何实现交易的环节和具体路径却重视不够，这个做法未免本末倒置了。

2. 路径的作用

合同内容的完备是交易行为的基础，通过合同路径方法，我们可以较好地解决合同内容不完备、合同内容出现断点的问题。

对于一个业务人员来说，一个交易需要什么样的行为，可能哪里会出现问题，大致是清楚的，否则就不能胜任业务员这个岗位。但是这些行为就像一串珠子，放在手里,你只是模糊地知道情况,并不精确。实际上在谈判中,在形成文本中有些行为可能被遗忘或者被忽视。

路径则是把珠子串了起来,这些珠子并不是毫无关联的,而是有着对应关系,就像拼图,一张图和另一张图是有结合点的。如支付质保金的行为,那么就要有质保期的约定,确定质保期必须要从交付时起算,如果没有约定交付,质保金支付自然无从谈起,所以前面必须有交付的行为。其直观形状如图1-3所示。

图1-3 支付质保金行为

从路径示意图上我们可以直观观察到行为的连续性,当我们把这些行为按照时间顺序排列下来的时候,我们可以通过检查每个行为前后行为的关系是否在路径图上,来确认是否遗漏了相关行为。由此,合同内容完整性就通过一种直观的方式比较容易地解决了。

为了加深印象,请大家再来看一个验收的例子。

关于付款与验收的关系如图1-4所示。

图1-4 付款与验收关系图

如果只是约定验收三日后付款，但是前面没有"验收"的问题，那我们就会发现被遗漏的"验收"环节。

二、偏离与矫正

适当履行合同只是一个理想状态，由于受到各种因素的影响，合同约定的行为并不能总是按照约定的要求履行。合同一方履行合同的实际状态与约定状态存在不一致，这种不一致我们称之为偏离。很多人将其理解为违约，这是不准确的。除了违约，偏离还可能是由不可抗力、情势变更、协议变更、估值调整（附条件的民事法律行为）等原因造成的。

就任何行为约定而言，都可能存在偏离。偏离是对于正向路径的偏离，因此发现偏离情形的方法就变得很简单：在正向路径的基础上，对于偏离的情形按图索骥。

以送货为例，正确的行为是按照约定的时间交付符合约定的办公桌椅。在实践中有以下方面可能发生偏离：（1）逾期送货；（2）不送货；（3）送货数量不足；（4）送货质量不符合要求；（5）送错了地点。在前述偏离中，还可能出现复合违约情况，例如逾期交付并且只交付部分办公桌椅。

而以付款为例，例如支付尾款的偏离，则可能存在以下情况：（1）逾期付款；（2）未付款；（3）未足额付款。

通过以上案例，我们发现偏离就是对于正向路径下的行为构成要素的背离，例如：行为的时间、空间、方式、内容、对象及其他参数的偏离。

在偏离的方法论下，结合正向路径的理论，我们能最大程度发现背离交易目标的情况，特别是具体违约的情形，这样我们在处理合同另一个重要方面——矫正偏离，特别是违约责任设计方面就取得了最为基础的全面的资料。

在此基础上，结合偏离形成的原因、后果，我们再来解决偏离的矫正问题，就有的放矢了。

三、控制权

控制权是对于相应活动进行控制的权力，努力让事情按照自己所希望的方向发展。合同的控制权就是控制交易中法律风险的权力。

在合同法律事务领域我们提出控制权的概念，是一个新鲜事，但是实际上我们一直都会自觉或不自觉地进行着控制活动，例如及时起诉就是避免损失进一步扩大的控制活动，否则拖到最后可能面对交易对手破产的风险。我们明确提出控制权的概念，就是要大家能够主动运用控制权。

有人会说，交易对手很强大，能和对方做生意已经不错了，哪里还有什么控制权？不错，这正是很多人所困惑的事情。虽然你很想做对方的生意，但它一再欠款，甚至欠款累积到很多，你是及时中止或者终止合同，甚至提起诉讼还是继续垫款以维持业务呢？哪有只有义务没有权利的交易呢？个中教训，恐怕著名的恒大公司的客户会很有感悟！我们要告诉大家，除非愿意任人宰割，只要你有权利，就有控制风险的权力。

如果你很牛，是不是就有控制权自动保驾护航？答案是"你想多了"。即便是大型的基建、不动产类的项目的发包方们，也会面临豆腐渣工程，也会签下一个不利的合同文本，甚至因为默示条款的处理不妥而接受了有水分的施工方竣工结算报告。

控制权是一个更为宽泛的概念，凡是能够控制双方合同法律风险的手段都属于控制权的范畴，例如撤销权是法定的控制措施，检查权是约定的控制措施，而是否出具还款计划与诉讼时效关联，则是企业根据自身情况所采取的控制措施。

合同的控制权是交易双方都有的，在不同的阶段以不同的方式呈现，与交易进程相对应，控制权涵盖了合同从文本到合同结束整个阶段，这个终结包括正常履行结束、解除或者争议的最后解决。控制权如何构成，如何行使，这个问题我们将在第七章《控制权》展开详细的论述。

笔者特别要强调的是：从我做起，控制权是立足于自身的行为。不要指望交易对手的情怀，不仅仅是经济人的理性，更有无奈甚至商业伦理的堕落；也不要指望司法强制力，君不见那么多执行难？

更多的忠告我想应该是给予弱势的一方，要平衡和正确判断市场与风险的关系，在损失面前无所谓强弱，法律较量人人平等，当对方不再具有交易价值的时候，不要犹豫不决，更不要心存幻想！

四、抗辩性思维

生活中总有很多人悔不当初，感叹道："如果能够重来，我会怎样怎样"，那么下一句自然让人更伤感："世界上没有卖后悔药的"。抗辩性思维就可以解决这个遗憾，只要运用得当，它可以让你不后悔。

抗辩性思维就是思考自己的观点或者行为是否能够成立。站在对方的立场上，找出各种否定自己的可能。质疑成立的话，那就须对自己的说法和行为进一步调整、完善。通过这种方式，可降低风险，消灭法律纠纷隐患。

抗辩性思维是由合同纠纷的审判方式决定的，既是合同法律风险管理的具体方法，又是重要的思维方式。

案件审理（或者仲裁委仲裁）是抗辩式的，法官是中立的裁判者，案件的事实呈现给法庭后，举证、质证是审理的重要环节，一方对于合同文本、履行过程中的问题进行举证，证明自己的主张；而对方的主张加以否定即抗辩。如果抗辩不成立，当事人一方主张的权利就可以实现；如果不幸对方的抗辩成立，当事人一方的主张就不能成立，就要面临不利的结果。例如合同约定解除合同的通知应当采取书面形式并且加盖公章，结果有权解除合同的一方只是电话通知了对方联系人，那么就会面临通知无效，从而不能达到解除合同的法律后果。

我们来看，诉讼之所以处于不利地位，主要是自己一方的想法或者做法被对方所否定。什么时间才发现对自己不利的呢？在诉讼中才知道，此时不利结果已经发生，就算知道也于事无补了。那么如果"发现"能够提前，提前到事实没有发生，那么风险自然就可以避免了。

当然我们不可能像穿越剧那样把诉讼过程搬到事前，也不可能有交易对手来和你演这个对手戏。但是我们通过抗辩性思维，像周伯通那样的左右手互相搏击也可以达到"穿越"的效果。

抗辩性思维虽然建立在审理逻辑的基础上，但同样也建立在常识的基础上，每个员工都可以比较容易地学会，并熟练运用。合同法律风险的防控是一个群防群治的问题，抗辩性思维为员工控制法律风险提供了重要的工具。

五、闭环管理

执行力是企业运营的最基本要求，再好的蓝图，再好的计划，如果执行不到位也没有意义。所谓到位就是该做的事情一定要按照要求完成。执行力是对于执行的要求，一旦执行者没有落实到位，企业往往会归责于员工，甚至给予其严重处罚。但如果造成的损失很大，即便事后处罚了又能起到多大弥补作用呢？

这种依靠员工的自觉或者认真来落实的执行力，依靠处罚来落实的执行力，特别是当我们把处罚制度作为执行力的保障时，是不是认识到从出现问题到发现问题的中间阶段其实可能存在补救的黄金时间，而企业错失了呢？

如上所述，要求执行人做到是对于执行人的要求，那么对于指令发出人、企业管理方的要求在哪里？应该是检查是否执行到位。如果有了检查执行到位的措施并且及时检查，那么落实相关事项就有了两道保险。这个再加上去的第三道保险就是闭环管理，即你发出去了指令后不是放任不管，而是要自己再去检查这个指令是否得到了落实。

闭环管理没有任何理论问题，就是实务操作，但是这一点恰恰很多企业都做不好，所以我们把它作为一个专门的控制措施列出来。

管理风险要克服的最大问题就是摆脱对管理对象的个人素质的依赖或者对于指令执行结果完成的假设。执行力之所以出现问题往往在于一念之差，即在没有得到确认的情况下,是推定完成还是推定没有完成。这就涉及如何闭环的管理措施。我们以送货来理解闭环管理问题,送货必须要拿到收据,但在实际经营中忘记拿收据的情况还是不少的,那么送货后就应当提交收据。如果送货后两日内没有提交收据,即推定没有获取收据,而不是推定收据取得,只是在业务员的抽屉里。既然推定没有获取,此时就要专门进行处理补救。

可见闭环管理包括几个部分:(1)获得落实的反馈;(2)如未得到反馈,则推定没有落实,启动补救程序;(3)推定的时间有明确要求,否则可能失去补救机会。

闭环管理的基本逻辑如上所述,可以推及合同法律风险管理的诸多环节。例如发货,要求4月8日发货,4月10日前如没有得到已经发货的反馈,则启动查询是否发货的程序。

闭环管理不仅是内部管理问题,也是处理对外的重要工具。如一个完整的通知,包括发出、对方收到、确认对方收到。从发出人的角度来看,要确保对方收到,那就要有个确认环节,只有确认了,这个信息的处理才是闭环了。所以要有"确认"这个程序。接收人回复收到,则流程结束;没有回复,则必须电话联系本人确保信息收到。

在诉讼实践中,证据不足、证据瑕疵、行使权力不符合要求、履行义务存在瑕疵等问题，均与闭环管理没有落实有关。

闭环管理是通过制度化和技术性的管理手段，使执行力摆脱对于职工个人素质、认真态度和不会疏忽遗忘的诸多个性化因素的依赖，将风险控制的基点建立在客观稳定的管理技术的基础上。

六、文本结构的解析方法

看懂合同是控制合同法律风险的前提，也是控制法律风险的基本措施。我们所说的看懂，是指真的搞清楚合同说了什么，具体有哪些内容。如果连一个合同的内容都看不懂，怎么可能控制风险呢？

合同文本是一个令人很费神的问题。有些合同内容算是少的，就十几条；有的则有几十条甚至上百条，内容很多，相关的内容分布于不同的章节。在各种格式安排上，又是解释、说明，又是指引性条款。有些老总说最怕看国外律师起草的合同文本，定义、说明、指引之类一大堆，这些东西直接把人搞蒙了。遗憾的是，现在国内不少人起草的合同的表达方式也在趋于"国际化"了。

当然，格式取决于如何表达，要具体问题具体分析，但毫无疑问，我们需要面对越来越繁杂的合同文本。

合同的主要谈判者或者起草者对于合同内容比较容易搞清楚，但是对于审查者特别是未参与合同形成而参与的执行者来说，这个事情会比较困难。

很多人把合同读了几遍，都搞不清楚。为什么呢？因为条款太多太复杂。这就像看水浒传，刚开始看起来有108好汉，之后再加上李师师、高俅甚至小沙弥之类，纷纷扰扰使人眼花缭乱，因为不同的人物总是在不同的章节交错出现，往往读很多遍还搞不清楚有哪些人物，什么人干了什么事情，和另外的角色是什么关系，最后结局如何。当然，只要认真读、多读，总是能够做到比较熟悉的，可问题是在企业运营中，让员工把所接触的合同通过反复研读而搞清楚是不现实的。

但是大家再看看从《水浒传》中节选出来拍摄的单独的电影，如《浪子燕青》《智深传》之类，对一个人物往往就很容易搞得清楚。为什么呢？因为看问题的脉络清楚。

合同也是一样，对于各式各样的条款，看起来纷繁复杂，涉及这样那样的问题，但实际上也有一个主线，那就是正向路径，这个是实现交易所必须完成的行为，在时间轴的方向上可以帮助我们比较直观充分地理解合同的行为。

正向路径搞清楚了，我们再按图索骥，那偏离情形自然也就搞清楚了。针对偏离，我们要作出相应的应对，那么包括违约责任在内的偏离纠正措施也就呼之欲出了！

其他则是基于合同共性的约定，例如合同说明的"鉴于"部分，语言、法律适用以及管辖等。

不管多么复杂的合同，只要我们搞清楚路径与偏离的基本逻辑，那么其内容都很简单。我们很快就能将看起来杂乱的不同行为归类，并搞清楚其性质和顺序，搞清楚行为之间的关系，从而搞清楚交易的结构和如何完成交易的清晰信息。

大致说来，合同结构主要分为：正向路径、偏离情形、校正行为以及其他部分（见图1-5）。

图1-5 合同的结构

正向路径、偏离情形与校正行为组成基本结构，这也是最为重要的部分。每个员工对于涉及自身的行为，搞清楚该行为涉及的前面三个方面，才能搞清楚权利义务的全貌，有效防范法律风险。

所谓其他部分是指交易本身之外的内容，这些并非合同的必要组成部分，基本上分为实体与程序两个方面。

实体方面指独立于交易之外的实体部分，例如担保、保密义务之类。程序方面如合同生效条件、份数、法律适用之类。

第二章

偏离的情形与处理方法

偏离是合同实践中经常发生的现象。交易虽然追求合作共赢的共同目标,但就像小两口高高兴兴领取结婚证之后,总会有吵嘴、怄气乃至离婚等种种不和谐。对于偏离的情形以及如何处理,一般在合同中就会进行约定,没有约定则从法定。

很多人将偏离等同于违约是不正确的。违约是归咎于当事人的责任而引发偏离的原因之一,除此之外,还有一些非当事人的原因,这些因素包括不可抗力、第三方因素,还有市场因素的变化等。

搞清楚这个分类对于合同审查具有直接的指导作用。我们审查合同经常看到类似的约定:"非因甲方原因而导致×××(具体情形或者损失)的,乙方承担……(责任内容)"。显然这种约定是不合适的,因为甲方之外的原因还有多种情形,并不能都归咎于乙方。但有些人缺乏对偏离情形的完整认识,很容易将非甲方的原因等同于乙方原因,因此不能给出恰当的意见。

下面我们讨论偏离的情形。

第一节
违约的情形与处理

违约是最为重要也是最为常见的偏离形式,如何发现并处理违约情形呢?

一、如何发现违约的所有情形

让我们以大家耳熟能详的买卖合同为例,探讨如何发现偏离的情形。

买卖合同在预付款、送货、安装、验收、支付尾款等行为上均可能发生违约。每个行为有几种构成要素,在这些要素上都可能发生违约的情形。搞清楚每个行为发生违约的情形,那么我们就能够发现违约的全部情形。

以送货为例,甲乙订立买卖办公桌椅的合同,双方约定如下:乙方应在 2023 年 8 月 10 日上午将货物送到甲方的办公室。这个条款包含了时间、地点两个要素。那么送什么货呢?形式上,货物还有数量、型号等规定。质量是货物的应有要素之一,隐含的意思就是符合质量要求的货物。只不过没有人再去画蛇添足强调"将符合质量要求的货物送到甲方办公室"而已。这几个参数也是送货行为的组成部分,可能约定在标的、质量条款中。查阅合同,这两个参数是 10 套 M 型办公座椅及质量标准。这样，送货要素就呈现在眼前了：时间、地点、型号、数量、质量。

当我们提取这几个要素之后，违约的情形就自然呈现了：（1）逾期送货；（2）不送货；（3）送货数量不足；（4）送货质量不符合要求；（5）型号不对；（6）送错了地点。在前述偏离中，还可能出现复合违约情况，例如逾期交付并且只交付六套办公桌椅等。

再来看看付款，例如双方约定：乙方应当在 2022 年 8 月 15 日前支付尾款 8 万元。那么，可能发生的偏离包括：（1）逾期付款；（2）未付款；（3）未足额付款等。

以上偏离各有不同，如果我们去死记硬背，不仅困难并且遇到新的问题时可能会无所适从，不知道如何解决。写到这里，阅读者可以自己做个有趣的测试：《民法典》合同编中，写明的合同的基本条款内容有哪些？估计能够回答全面的人不会很多。像法律这样专业、抽象的学科，一旦脱离常识来认知，那么想再应用到实践将会变成一个很困难的事情。所以请不要绞尽脑汁去想这个合同可能有哪些违约情形，而是回到每个具体的感性的行为，去发现这个行为有哪些违约情形。我们重点强调，思考违约情形，你考察的出发点不是"这个合同"，而是"这个行为"。

行为要素属于常识范畴，无论从行为认识或者文本上，都更容易被发现和识别。这就让非法律人员控制法律风险成为可能。归纳各种行为，我们发现行为要素虽因行为不同而有所差别，但还有一些共性。这些共性因素包括主体、时间、空间、数量、质量、规格、方式、次数等客观要素，同时也包括一些主观要素，例如设计合同的初步设计方案，审查的意见（通过即继续进行，有修改建议则继续调整）。

一些具体要素根据情况可能还会有区分和限制：例如运输方式是水运、陆运还是空运，是提货还是代办托运等；在知识产权成果交付方面，例如设计成果的交付，是选择纸质文件邮寄交付、电子邮件方式交付还是光盘方式交付等。行为的内容中的具体标的物也有各项规定，如买卖合同标的是特定物，那么其不可替代性无须论述，而普通的种类物例如计算机，则有品牌、规格、型号、颜色等不同规定。

二、处理方法

《中华人民共和国民法典》合同编第五百七十七条规定："当事人一方不履行合同义务或者履行合同义务不符合约定的，应当承担继续履行、采取补救措施或者赔偿损失等违约责任。"这是我们处理此类偏离的基本依据，如何矫正或者处理偏离的情形，也是控制权的一个重要内容，这个部分我们在控制权的相关章节会专门详细论述，此处从略。

第二节
不可抗力

不可抗力对于合同法律风险有重要影响,但是毕竟是极少数的情形,就像人们都愿意去买交通责任险,但很少有人去买洪水、地震险一样。因此大家在这个问题上往往重视不够。即使约定也容易敷衍了事。

一、不可抗力是一个法定的合同免责事由

《中华人民共和国民法典》第一百八十条第二款规定:"不可抗力是指不能预见、不能避免且不能克服的客观情况。"不可抗力只是定义,哪些事项属于不可抗力,法律并没有明确,更没有列举出来。在共识中,大家普遍认为以下属于不可抗力:(1)重大自然灾害:地震、山洪、海啸等;(2)重大社会事件:战争、罢工等;(3)政府行为:征收征用、进出口管制等。

但有些事件是否属于不可抗力还是有不确定性的,可能在一开始是属于不可抗力,但当其常态化后,则可能不再被认为是不可抗力。问题是在这个过渡期,到底是不可抗力还是不属于不可抗力呢?这个就给当事人带来了很大困惑。

但值得注意的是,当事人之间也不可以任意约定,一些事件并不会因为当事人的约定而成为不可抗力。同

样,即便某个事件在约定中被排除出不可抗力,只要其符合不可抗力的条件,依然可能被认定为不可抗力。对于不可抗力的任意扩大或者缩小,都构成对于不可抗力权利的滥用。

二、处理不可抗力的方法

对地震、洪涝灾害、战争等不可抗力,大家已有共识,这一部分不管是否约定,自动适用不可抗力。

不可抗力导致两个法律后果,其一是不能履行义务的一方部分或者全部免责,这个基本上成为共识(法律另有规定的除外);其二是衍生义务,即及时通知的义务,以减轻对方的损失[1]。换句话说,如果不能及时通知,那么对于扩大的损失你要买单的。

另外,对于不可抗力影响合同履行,行使法定解除权的条件是影响合同目的的实现,那么如未达到此种情形如何处理,需要当事人进行相应约定。阶段不同,处理方式也不同,很难细化,原则性约定为宜。

有的事件会影响交易的进行,但又很难归责于一方,是否为不可抗力有不确定性。此类事件不像洪水地震等事件具有普遍影响,但是可能会与行业、合同履行的方式等有密切关联,因此需要结合行业和交易的经验进行判断。

在一般的看法里,此类事件不管你是否约定为不可

---

[1]《民法典》第五百九十条。

抗力，如果它就是，那么依然会被法院认定为不可抗力。

这个观点有一定的道理，甚至很有道理，但是用来指导我们的合同实践却是不妥的。

首先，对于此类事件是否为不可抗力，就是法院处理起来也有一个认识过程，是否认定为不可抗力有不确定性。其次，很多争议并非一定要经过判决，非诉讼的方式同样大量存在，对于企业起到约束力的不仅仅是法律（法律是强制的），另外还有道德（如诚信），所谓"人无信不立"，君子一言驷马难追，既然白纸黑字写在那里，就会发挥作用。

为了减少争议起见，当我们对于某个事件是否属于不可抗力存疑，在合同条文中不宜把其定位为不可抗力，可以将其另行列为免责事由或者作为附条件的民事法律行为来处理。在合同中约定当出现此项事件时如何调整交易目标。

第三节
情势变更

一、何谓情势变更

在实践中，确实有一些情况的变化会对交易造成极大的影响，虽然不会导致合同无法履行，但会导致履行难度增加或者履行成本极大提高，对于当事人一方明显不公平。

情势变更早已为司法实践所承认，2009年5月13日生效的《最高人民法院关于适用〈中华人民共和国合同法〉若干问题的解释（二）》第二十六条就是关于情势变更的问题。但情势变更为法律承认，则是在《中华人民共和国民法典》才得以实现的。《民法典》第五百三十三条规定："合同成立后，合同的基础条件发生了当事人在订立合同时无法预见的、不属于商业风险的重大变化，继续履行合同对于当事人一方明显不公平的，受不利影响的当事人可以与对方重新协商；在合理期限内协商不成的，当事人可以请求人民法院或者仲裁机构变更或者解除合同。"

法律的这一条文就是对于专业法律人士来说也不是那么好理解，那么企业恐怕就更难以理解和界定。什么是"基础条件"？包括哪些内容？怎么判断这个变化是否属于"商业风险"？特别重要的是，什么是"重大变化"？继续履行合同造成的不公平怎么样才算到了"明显"的程度从而引起质变，可以适用"情势变更"呢？

我们发现当面对以上问题的时候，情势变更确实是一个重要的经济现象，但受制于各种因素，其适用又极为容易引起争议。

各行各业千差万别，导致变化的因素各种各样，变化的结果也难以精确描述，所以就情势变更而言，法律所能给予的支持只能局限于此，而不可能给出直接对号入座的具体界定，这是市场主体面对的基本事实。

当下市场的一个重要特征是变化太快。在小农社会的基本经济形态下，交易条件数十年甚至数百年不变，到了工业社会后也是逐步发展的，但是最近几十年特别是进入互联网时代，变化太快了，情势变更在经济生活中也出现得越来越频繁，因此，学会如何处理情势变更显得尤为重要。

二、情势变更的处理方法

有些交易主体会约定，如果发生情势变更，双方可以协商处理。但直接引用这个条款在实际上没有意义，因为还是处于一种不明确的状态。

如上面我们所描述的，情势变更的原则性与模糊性实在是情非得已的选择。

法律作为一个一般性的规则，不大可能处理具体事项。直接"对号入座"以适用于处理具体事项的规定只是例外。例如《民法典》第六百三十四条关于分期付款的买卖，买受人未支付到期货款达到全部价款的五分之一,经催告后未在合理时间内支付的,出卖方可以解除合同;又如《民法典》第五百二十七条,当对方抽逃资金、转移资产,逃避债务的,先履行义务的一方当事人可以中止履行义务。

上面的法律规定之所以让人觉得轻松,是因为我们感觉到法律给了我们一个直接的方法,但毕竟这种方法相对于复杂多变的经济活动的情形实在太少。授人以鱼不如授人以渔,问题是法律不会像课堂那样"授渔"的。那么我们来看解决问题的逻辑是什么呢?掌握了这个逻辑,我们也就有了"渔",也就有了解决新问题的能力。

回到情势变更,所谓"基础条件"可以理解为交易的基础因素。例如在建设工程施工合同中,为期一年的建设工期,在开工三个月后,建筑材料价格、人工成本有了大幅度的上升,如果按照原来的工程合同额继续履行合同,那么在包工包料的情况下,施工方将出现严重亏损,在这种情况下,原合同的继续履行,显然对于施工方非常不公平。一般来说,共识是涨价幅度超过10%就可以理解为情势变更。

情势变更的问题在于这种变化是个渐变的情况,但是从量变到质变的界限是模糊的。解决模糊性,使之清晰是解决情势变更的重要原则。那么我们看看别的法律规则如何解决这个问题呢?分批买卖的买受人拖欠货款肯定造成卖方的法律风险，拖欠多少呢？——五分之一[1]。原材料、人工涨价会影响到施工人的利益，涨价到多少呢？——10%。研究一下以上案例，你会发现解决方案就是克服这种原则性和模糊性，转变为具体性和确定性，明确情势变更的边界。

有的企业已经注意到一些变化可能会给后面的合同履行带来极大困难。例如大家熟悉的光伏行业，只用了十几年就完成了一个产业从起步到巅峰再到谷底的转变，变化之快给合同履行带来了极大的风险。有的企业基于对行业的敏感，已经在合同中有了"当情况发生重大变化，双方可以协商调整合同条款"之类的约定，但如前所述，当真的需要进行调整时，却困难重重。为何企业没有转变为具体化的约定呢？因为缺乏抗辩性的思维方法。这里我们要提醒大家参考第六章"抗辩性思维"。你提出情势变化，对方却否定你的观点，你在这样的合同条款中怎么能找到依据呢？所以你要解决对方的"刁难"，那就是把重大变化的标准进行量化、精确化。

为解决情势变更的问题，企业需要搞清楚交易的基础条件有哪些基本方面，哪些要素可能发生较大变

---

[1]《民法典》第六百三十四条规定，分期付款的买受人未支付到期价款的数额达到全部价款的五分之一，经催告后在合理期限内仍未支付到期价款的，出卖人可以请求买受人支付全部价款或者解除合同。

化，其中哪些变化会给交易的结果带来比较大的影响，变化到了什么程度就可能导致利润的大幅度下降甚至亏本。

我们去投标，都知道在投标价格的编制中，会有价格构成，这些价格构成中涉及的因素很多，我们就需要根据上面的标准划重点。例如施工合同中，人力价格是个重要组成部分，那就要考虑劳动力价格的变化；如还要包料，那么钢材、水泥价格是大头，就要考虑其价格上涨因素；如供应光伏面板，则要考虑生产的重要原材料玻璃的价格涨幅。如此一来，我们就可能将情势变更的边界清晰化，从而将情势变更的模糊性转变为清晰性，将原则性转化为具体指标，从而容易"对号入座"，减少争议，提升可操作性。

通过以上分析，我们可以总结两种解决策略：

（1）明确清晰的边界，当到达此界线时，则可以调整合同。调整的内容可以明确，以保证合同履行的连续性，避免争议。

（2）明确临界点，双方可以根据具体情况协商调整合同，如果协商不成，则一方有权解除合同。

通过以上分析，我们就比较完美地解决了情势变更的问题。

第四节
附条件、附期限的行为

附条件的法律行为规定体现在《民法典》第一百五十八条[1]，与此同时还有第一百六十条附期限的民事法律行为[2]。

1. 基本情况分类

从法律规定来看，基本上分为两种情况：

与效力有关的，即相关民事法律行为生效或者失效；附条件的民事法律行为的基本内容是当条件成就时，民事法律行为生效或者失效。期限则是到期时，相关民事法律行为生效或者失效。

通常我们认为附时间或者附期限的民事法律行为涉及整个合同，但其实也可以涉及部分行为。其形式表现为部分合同的调整，或者新的条款的生效。例如对于付款的优惠，限期付款优惠，而逾期则丧失优惠权利。

2. 一种有预见的选择

附条件或者附期限的法律行为模式不视为违约，而

---

[1]《民法典》第一百五十八条规定，民事法律行为可以附条件，但是根据其性质不得附条件的除外。附生效条件的民事法律行为，自条件成就时生效。附解除条件的民事法律行为，自条件成就时失效。

[2]《民法典》第一百六十条规定，民事法律行为可以附期限，但是根据其性质不得附期限的除外。附生效期限的民事法律行为，自期限届至时生效。附终止期限的民事法律行为，自期限届满时失效。

是对于交易条件或者目标的调整，是一种主动的选择。

在合同履行过程中，有着很多不确定因素，提前处理这些不确定因素，将会减少争议。例如一个公司准备重组，那么资金方筹措资金的完成时间就很重要；若到了一定期限无法筹措到足够的资金，则要及时解除合同，这对于双方都是有利的。

再如买卖合同付款条件中，约定当卖方交货后一个月内安装调试，安装调试通过后三个月内支付合同款项的60%。这个付款安排是完全合理的。但是如果买方迟迟不能安装，或者项目取消再也不可能安装，依据这个条款岂不是拿不到合同款？显然这样的约定就很重要：买方在卖方交货后六个月仍然没有完成安装的，视为安装完成。这样60%款项的支付就有了保障。

有些投资，当出现实控人变化、核心团队脱离公司这些情形，可能会导致合同目的无法实现。出现这些偏离，也可以提前终止合同。对此，就要通过附条件的法律方法进行合理解决。与此类似的，还有回购条款。

附条件的法律行为相对比较灵活，只要不是法律有特殊规定之情形，均可以做出约定。之所以更加灵活，因为其约定仅限于当事人之间而不会成为具有普遍意义的标准，只要不违背法律的强制性规定就可以产生预期的法律结果。

3. 不得滥用

实践中我们需要注意的是，附条件或者附期限的设定，需要根据实际情况来进行设定，基本上有两种情形。

首先，有些事项按照其本身的性质来说，是不能附条件或者附期限的，那么此种情形不适用。

其次是不得滥用。附条件的法律行为之条件，是可能发生也可能不发生，在这种情况下才有价值。因此不可能发生的事项不得作为条件，什么事项不可能发生呢？有些是很容易达成共识的，大家都会认为不可能发生；而另一种情形则可能是因为过于苛刻，难以发生，这样的情形就是仁者见仁智者见智了。因此在附条件的问题上，要防止借设定条件之名行刁难之实。同样地，附期限也存在这个问题，设定一个极为苛刻的时间也可能存在问题。

条件的出现必将导致双方利益关系的变化，因此为了自己的利益而不正当地阻止或者促成条件的实现都是不允许的，其结果适得其反。阻止条件的视为条件成就，促成条件的则视为条件不成就。

4. 解除后的处理方案要约定

合同解除或者说失效意味着要对之前的履约行为进行清算。因此对于合同失效后的事宜如何处理，需要予以考虑并约定在合同中以尽量提高处理效率，减少纠纷。

第五节
估值调整

随着经济形态、交易模式的不断变化，偏离的形式也会不断增加。近年来 PE 投资风靡，出现的所谓对赌协议、估值调整就是一种新的形式。

估值调整是投资中的有趣现象。虽然投资是个真金白银的严肃事儿，但有时候在竞争激烈的赛道里，却是游戏式的玩法。对于公司的价值采取估值的方式，顾名思义是估计的价值。这个估值是计算投资额取得股权比例的依据。这个与净资产评估的区别是没有精准的计算方法，决定估值的因素很多，其中一个是跟着感觉走。

半导体、生物医药、芯片等产业，一度出现过疯狂的估值。疯狂有疯狂的逻辑，万一遇到早期的微软、苹果或者宁德时代呢？但是遇到这类公司的机会毕竟太少，为了克服疯狂的风险，投资人会为标的公司未来几年，一般是三年设定利润目标。当这个目标达到或者超过，那么股权比例不会进行调整，如果不能满足利润要求，则下调公司市值并调整股权比例。

这个方法就是估值调整，并且明确调整的计算公式。

第六节
偏离校正的基本内容

1. 偏离矫正的基本原则

若不能有效处理偏离,那么交易的目的就会受到影响,或者合同的履行就会陷于失控的状态。

促进交易是企业经营的灵魂!这个是我们任何一个企业员工特别是老板、高级管理人必须牢记的根本宗旨。因此促进交易也是我们校正偏离的指导原则。

为什么特别指出这一点呢?因为有些企业甚至会给法律部门下达创收任务。遇到诉讼争取胜诉,这无可厚非。但诉讼只能检讨尽责与否,能力是否符合法律岗位要求,但将其与创收联系起来,无疑极容易导致企业经营剑走偏锋。"某觉中国"官司遍地招致非议,伪造证据、虚假诉讼等使当事人陷于牢狱之灾已经不是个例。这种导向必然对企业基本价值观和商业伦理造成极大冲击,偏离了合作共赢的根本,影响到合同的签订与履行的诚信,从而自食其果。刀刃向人者,最终必为刀刃所伤!

2. 校正措施概述

对于偏离问题的处理措施,其性质是合同控制权的问题。一般而言,不同的偏离事项造成的后果有所不同,处理方式也有区别。这个问题我们在控制权中会展开讨论，这里做一个简单的概述。一般分为以下几类。

（1）与合同效力有关的措施，这一部分包括合同的中止和解除。

合同的中止适用情形不多，一般来说适用于长期合作的情形，例如框架协议下的长期交易，这个一般是对于长期供货商的控制措施；也有适用于单一合同的情况，一般来说这种中止不会打乱主动中止方的经营安排，否则就不会轻易中止。

合同解除的情况比较多见，不论是约定的解除还是法定的解除[1]，其效果是终结合同履行中的不确定性。当合同无法履行，没有履行价值或者不解除将会使不确定性持续下去的时候，会采取解除合同的措施。

（2）促进交易的措施。一般来说，偏离是指与合同预期的状态不一致，因此预期状态可以作为一种划分的标准。以此为标准可以分为：

◆ 校正到预期状态，给付款项肯定要按照合同要求支付；交付非货币的合同标的若出现偏离，无非是在数量、质量、型号、方式等方面，那么就要根据具体情况选择校正方式，如补齐数量，更换产品，重作，修理、补正瑕疵例如勘察报告，可研报告之类等方式。

◆ 无须到达预期状态，接受人认可现状，那么处

---

[1]《民法典》第五百六十二条、五百六十三条。

理的焦点是对价问题。因为产品质量本身引起的价值减少，则按质论价。扩大理解，这还包括型号、规格的变化引起的价值调整。

因为数量不足引起的价值减少，则减少合同价款。

当然，实际经济活动丰富多彩，法律不可能都给你具体答案，这个需要根据情况发现多样化的校正措施，例如质保期内产品出现问题，如出卖方不能及时维修，买方可以找第三方维修，费用从质保金中扣除。

这里需要提出的是赠品问题，也可以参照上面的方式处理。

此外，违约金是一种比较特殊的形式。违约金必须在合同文本中事先进行约定[1]，而不是在发生违约后再采取措施索要。只要有可能违约，都可以约定违约金，因此其具有惩罚性。违约责任是一种威慑手段，敦促当事人按照约定履行合同，因此从本意来说，我们认为违约金也属于促进交易的范畴。

（3）赔偿损失。赔偿损失是法定的校正措施，无论合同是否约定，受损失的一方均有要求赔偿损失的权利[2]。这个与合同效力的维持与否没有关系。

在合同实践中，常见的错误是仅仅约定"赔偿损失"，但对如何确定损失则没有进一步约定，导致在损

---

[1]《民法典》第五百八十五条。
[2]《民法典》第五百七十七条。

失发生时,对损失的确定成为争议。虽然具体的损失确认可以在审理中查明,但是毕竟提高了解决争议的成本。因此我们要提醒大家的是应在合同中明确损失的计算方法。

第三章

行为能力

行为能力是交易实现的核心环节,没有行为能力,一切都无从谈起,最直接的表现形式就是买东西没钱。行为能力是动态的,因此对于行为能力的判断不是一劳永逸的,而是伴随着整个合同过程。

第一节
行为能力的构成

为了搞清楚这个问题,首先我们来看看法律关于行为能力的规定。

法律上的主体有三种:自然人、法人和非法人组织。非法人组织不具有法人资格[1],其主要形式是个人独资企业、合伙企业、不具有法人资格的专业服务机构。非法人组织的核心在于其"非法人"的性质,法人有限责任的原则对于非法人组织不起作用,其重要的现实意义就是当非法人组织的财产不足以承担责任的时候,可以找到相关人承担无限责任,例如独资企业的开办人、合伙企业的普通合伙人。鉴于责任承担,非法人组织穿透后具有与自然人一样的无限责任,民事行为能力方面具有与法人类似的法律约束。下面的讨论将以自然人与法人的形式展开。

一、行为能力是什么

行为能力在常识意义上可以理解为完成能力,指可以以自己的行为来享有权利和承担义务,能够对自己的行为承担责任。在法律概念上最为接近的是"履约能力"。行为能力在法律上并没有界定,但是综合《民法典》的有关

---

[1]《民法典》第一百零二条规定,非法人组织是不具有法人资格,但是能够依法以自己的名义从事民事活动的组织。

规定和合同实践，我们可以得出什么是行为能力的结论。

行为能力可以简单概括为：有本事、有资格。

《民法典》第十三条规定：自然人从出生时起到死亡时止，具有民事权利能力。但民事行为能力由于年龄与精神状况的不同，会区分为完全行为能力人、限制行为能力人与无民事行为能力人。《民法典》第五十九条规定：法人从成立到消灭，具有民事权利能力和民事行为能力。

我们需要特别注意的是，法律语言与普通语言的区别，这个所谓的民事权利能力是一种资格，可以取得权利承担义务的资格；而民事行为能力则是作为市场主体可以参与到市场行为中，以自己的行为设立、变更、终止民事法律关系，也就是你可以以自己的名义行事。但是这个民事行为能力依然是一种资格。

《民法典》在不安抗辩权的后续处理中提到了履行能力[1]，它与行为能力是比较接近的表达。这个履行能力就是一种完成或者承担的能力，是一种行动能力。

从上面的分析，我们知道法律上的民事行为能力与我们合同上的行为能力确实还不完全是一回事，它是行为能力的前提。

---

[1]《民法典》第五百二十八条规定，当事人依据前条规定中止履行的，应当及时通知对方。对方提供适当担保的，应当恢复履行。中止履行后，对方在合理期限内未恢复履行能力且未提供适当担保的，视为以自己的行为表明不履行主要债务，中止履行的一方可以解除合同并可以请求对方承担违约责任。

> 而立之年的张某有购房的民事行为能力，但他没有足够的支付房款的能力。从法律的角度看，张某具有购房的民事法律行为能力，也就是他可以去购房，可以去签署购房合同；但从合同的角度来看，他没有能力支付足够的房款，没有履行合同的能力。

V.S

> 那再来看2022年而立之年的李某，其打算在上海买房，很有钱，支付房款当然没有问题，但李某不是上海人，不符合购房条件，没资格买房，签了合同也无法履行，从合同上看，依然缺乏行为能力，无法完成交易。

所以我们看法律意义上的行为能力是民事权利能力、民事行为能力、履约能力的综合，涉及三个方面。所谓合同意义上的行为能力就是能够完成合同或者承担责任的能力，涉及两个因素：资质与履约能力。我们通俗地称之为有本事、有能力。

二、行为能力的基本形式

从以上的分析，我们可以发现行为能力的两种基本形态。

1. 有本事

在这种情况下,自然人或者企业所从事的活动没有什么法律限制,你只要能够完成某种行为,那就是具有了行为能力。

这种行为能力可以是一种自然能力,如力量、智商之类,一个人只要具有正常的体能和智能,就可以完成一些简单的如门房、保洁等工作;也可以是一种技能,例如基本的维修、家具安装等工作;对于一个企业,则可能是生产加工能力、支付能力等。

2. 有本事并且有资质

有本事还要有资格。在有资格限制的情况下,两者兼备才算具有行为能力。

对于某些事项,法律有所限制,首先必须有一定的条件才能实行,也就是要有资格。没有资格就不能从事某些经营活动。例如从事危险品运输,没有危险品运输许可,你有再多的专用车辆,也不能承揽相关业务。这个方面的资质要求,我们称之为资格能力。

其次是履约能力。我们可以看到有些建筑施工企业具有特级资质,但是没有几台设备,施工人员也不够,当然到了检查期限这个资质可能就保不住了,但是只要没有失去,它照样是特级资质。虽然特级资质很珍贵,但是它恐怕连盖一栋5 000平方米楼房的本事都没有,因为没有施工能力。

在这种情况下，资格能力和行动能力必须同时具备，才能具有行为能力，只有单独一个方面，都不可以认为是具有行为能力。

行为能力的两种基本形式很重要，是我们考察交易对手能力的重要出发点和依据。

第二节
资格能力的表现与识别

一、决定资格管理的基础

搞清楚我们的交易对手是否有资质很重要。但鉴于不同行业、不同细分市场的职业分布太复杂，怎么才能知道交易主体从事的活动要有怎样的资质要求呢？

从决定论的方面看，并不是法律规定了需要什么资质，然后才会有资质要求。而是先有了对于某种行为进行管理的社会要求，法律才会进行相应的资质要求和管理，然后才表现出某种行为有法律上的资质要求。

设想一下，如果随便哪个人成立一个公司，拉人存款，那岂非满地都是骗子，携款逃跑害人无数？所以要管理起来，要设定许可，规定只有银行这样的金融机构才可以进行储蓄业务。未经许可吸收存款，那就构成非法吸收公众存款罪。

资格限制背后的基础是我们经济生活、社会生活中的常理。虽然采取资质管理的考量要远比个人体验和感觉来得复杂，但是对社会管理的理解仍不失为我们观察资质要求的辅助视角。

通常来说，政府对于市场主体的干涉越少越好。但是有些社会经营活动事关国家安全、公共安全、公共利益、公众健康以及资源配置等，这些领域如果放开，就不能有效保障经济的健康安全运行，因此这些事项须要设定许可，只有取得资质才能开展相应的交易。

电梯是生活中非常普遍而又重要的设施，每天有无数人使用电梯，直接关系到人们的生命安全，那么电梯的安装、维护要求就非常高，并非随便什么人、什么公司就能承担这个工作，必须要有门槛，也就是要有资质要求。

资质是通过行政许可的方式设定的。《行政许可法》第十二条规定了六种情形下可以设立行政许可，同时在第十三条又规定了第十二条事项中能够通过一定方式解决的，可以不设行政许可。

尽管如此，由于社会经济活动复杂多样，行政许可数量还是可观的。资格的规定散见于不同的法律、法规中，其表现形式也多种多样。要想搞清楚的确不容易。

"法不外乎人情"，通俗地理解，有些事情必须管起来，不管就要出事。这个思路可以帮助我们对于交易事项是否需要资质进行初步判断。但要真正解决问题，还是得搞清楚行业管理规定。

二、资格能力的表现形式

许可由专门法或者一些行政法律法规具体设定，涉及的法律法规繁多，形式也多种多样。我们进行初步总结，基本情况如下。

1.普通许可

这一类许可要求不高，只要符合相关条件，就可以取得，适用于对资源不太受限制的领域。

以我们熟悉的食品领域为例，根据《中华人民共和国食品安全法》的相关规定，食品生产经营的不同经营内容，食品生产企业需要取得生产许可；从事食品流通的，要取得食品流通许可；从事餐饮服务的，要取得餐饮许可。

当然许可作为市场干预的手段，也应尽可能让位于市场经济那只无形的手，尽量创造良好的市场经济环境。所以农民销售自己种的蔬菜、水果等不需要许可，熟食店在摊位上销售产品也不需要再单独去申请流通许可证，但如果这个熟食店很牛，每天有大量菜品送往各处客户，那就另当别论，需要具备流通许可证了。

类似的许可还有很多，例如销售烟花爆竹。

2. 特许

一般适用于资源有限的领域或者管理要求较高的领域，向被许可人授予某种权利的行为。《基础设施和公用事业特许经营管理办法》就是典型代表，涉及供水等事项。其他的如出租车经营许可、排污许可，探矿权、采矿权，各类金融机构的业务经营牌照等。之所以很多金融机构很难申请到全牌照，主要还是因为特许资质的稀缺与管制。

自来水公司的特许经营权，一旦拿到就具有了垄断性的权利，这一类特许价值高，管理也严格。

3. 认可

一般指对相对人员具有某种资格、资质的认定。例如会计师、医师、律师资格，建筑企业的资质，养护的资质等。如若没有医师资格，哪怕华佗再世也是没有办法行医的，除非是偶尔出手救助危难，否则一旦开门治病就成了非法行医。

4. 核准

适用于具有一定技术含量要求的行业，例如电梯安装的核准。

5. 登记

这个是对于公民或者法人是否有资格从事某种行为的确定方式，例如工商登记。登记事项容易被大家忽视。有的企业已经被吊销了执照，应该不可以再从事经营活动。但你是否经历过或者听闻有些被吊销执照的企业依然公章在手，还在到处签合同呢？一旦忽视，忘记去核查该企业的登记信息，风险就来了。

三、资格能力的识别

企业对于自己的行业可能比较了解，但是你的交易对手来自不同行业，对于交易对手所需的资格要求恐怕就没有那么容易搞得清楚了。

因此，搞清楚与你做交易的企业所处行业的相关规定，知道对方需要哪些资质，这是最初就需要做好、最为靠谱的前期功课。

我们建议采取如下方法：

（1）向交易对手了解双方拟交易的事项是否需要行政许可，是否有资质等级要求等。

（2）比较同类企业。同类企业的业务差不多，其资质要求可供借鉴。一些网站或 App 如企查查、天眼查等有行政许可栏目，记载着企业取得了哪些许可。许可一般会说明许可内容，根据交易内容进行比对可以帮助我们进行判断。

当然我们不能简单根据同类企业取得了什么许可，来判断我们的交易对手从事相关交易所需要的资格。例如你作为参照的企业没有取得某种资格，你的交易对手也没有这个资格，并不能说明这个交易不需要某种资格。

但是我们可以拓宽思路，看看同类企业中比较好的企业，他们取得了哪些许可，大致也可以通过比较，看看你的交易对手缺少什么许可。我们就可以有针对性地询问，这些缺少的资格是否为双方交易所必需。

（3）咨询行业管理机构，一般这个方法也比较有效。

（4）查询相关的法律法规。这个操作起来有点难，但如是重大事项，适当的查询还是必要的。

（5）运用管理工具。我们建议企业对于交易对手的情况进行整理，对常见交易事项的资质要求，制定一个指导表格，供员工参考。对于不在指导表格上的相关交易事项要专门查询，进行例外管理，并及时补充，形成持续更新、持续有效的管理工具。

第三节
财务能力的表现与识别

交易对手的财务能力的重要性不言而喻，但如何才能知道对面的他是不是一个有经济实力的人呢？

一、财务能力的基本构成

支付能力是履行合同的基本前提，支付能力体现在企业的资产上，那么资产都有哪些呢？

最直接的当然是货币，其他具有价值的任何合法财产都可以构成企业的经济能力，大致构成如下：

◆ 传统的资产如厂房、土地使用权、在建工程、生产设备、原材料、半成品、成品、专利权、商标权等；

◆ 企业对外投资形成的股权，投资理财形成的各种财产：如持有的股票、基金产品、信托产品、债券等各种有价证券；

◆ 企业在经营活动中形成的各种债权、应收款等；

◆ 企业应收取的各项补贴、奖励、拆迁补偿等。

有些资产如政府补贴比较隐性，在一个执行终本案件中，我们的应收款执行团队发现了该企业有一笔大额的政府补贴，从而峰回路转顺利收回款项。

那以上是否反映了企业的真实的经济能力呢？也不是。一个企业除了这些财产，还有负资产，例如应付款、应缴纳的税款或罚款，甚至或有债务，例如因为担保而可能承担的担保责任。

因此对于企业财务能力的观察需要兼顾两者。企业的运行状况很重要，恒大向企业经营管理者贡献了一个教训：大量资产存在但无支付能力，最终轰然倒塌，致大量债权人的债权变成死账、坏账。

二、财务能力的考察方式

虽然经济能力是一个最需要了解清楚的因素，但实际上也是最难以搞清楚的。一个企业不会为了一单交易就把银行存款情况告诉你，财务状况更不会告诉你！当然企业每年的工商年检会提交财务报表，但是你看到过几家公司选择公示？几乎没有！

即便是公示，也很难确定其真实性，并且该信息也具有即时性，从而价值不高。以下为大家罗列了两类常见公司类型的财务观察方向。

1. 贸易类公司

贸易公司是轻资产公司，我们观察判断的视角如下。

（1）看注册资本。注册资本是比较明显可见的标准，如果注册资本比较大，说明该公司的实力比较强。

在本书出版之际，修订的《公司法》已经实施了，注册资本缴纳期限为五年的规定也已经实施了。但是毕竟还是有五年缴纳期限的，在这期间，作为贸易公司已不知道干了多少单，如果是骗子也不知道抓住多少机会了。

五年之期容易滋生风险，但即便是实缴了，也可能抽逃，抽逃资金的情况屡见不鲜。所以注册资本大，不代表没有风险，特别是分期缴纳注册资本更是如此。这需要下面的步骤予以弥补。

（2）穿透股东。公司的有限责任制度是对于股东的保护，但也让不少人钻了空子，利用有限责任制度规避责任。贸易公司注册资本8 000万,三个股东合计起来注册资本不过500万元，如果注册资本尚未到位或者抽逃注册资本，就是追溯到股东，其有效力的注册资本数额实际上不过500万元而已。

因此我们需要对股东进行穿透。所谓穿透就是把股东层层打开，看看这些股东的注册资本和经营情况，当然主要是注册资本情况。

我们分法人股东与自然人股东两种情况来分析：

◆ 先来看看法人股东：

A. 如果穿透到上层，通过这一层的股东情况可以判断出来是一个实力比较强的公司，那么相对风险就比较小。

B. 如果不是上面的情况，那么就向上继续穿透，如果到了某一层股东注册资本很小，那么很可能就有了风险。前面的股东都是虚晃一枪，追到最后发现你以为的大盗，其实只是一个毛贼。这个方式是交易对手利用有限责任进行风险隔离，要加以注意。

◆ 再来看看个人股东：

个人股东确实比较难以判断，以前大家觉得许家印靠谱，后来发现这样的人并不靠谱了。我们很难去发现靠谱的人，那就去发现不靠谱的人吧。

如果个人注册了很多公司，且大部分都是贸易、咨询之类轻资产的公司，那么风险较大，因为存在利用关联公司规避责任的可能性。

如果个人只注册了一家或者很少几家公司，那么判断难度相对会大一点，这个是无法回避的问题。

另外看这个实控人的个人与公司的关联关系，除了不可更改的股权关系，还有该实控人是否出任董事长或者法定代表人职务。法定代表人对于公司负债在执行中负有失信人的风险，通过判断其是否出任法定代表人，也可以间接反映公司经营状况。

◆ 最后再看公司基本面：

贸易类公司虽然是轻资产的公司，但是公司运营是需要人力支撑的，所以我们要观察其员工情况，主要是社保类的缴纳人数等信息。如果只有一两个人缴纳社保，甚至没有人缴纳社保，那基本上这个公司离皮包公司就不远了。

在进行股东穿透的时候，也可以适用此种方法。

2. 生产制造类企业

生产制造型企业，资产比较显性化，可作为判断参照的指数比较多。基本有如下几项。

（1）有形资产。如土地厂房、机器设备等。虽然这些不动产、机器设备等可能被抵押，但还是能够反映出其基本的经济能力的。

（2）运营情况。企业生产是忙忙碌碌还是闲置无事，基本上可以判断出其经营状况。如果有条件，还可以考察其电费、水费、税费情况。

（3）银行贷款和授信情况。银行进行贷款前会对企业进行尽职调查和财务状况分析，对于经营状况不好、偿债能力有问题的企业不会放贷或者给予授信。

也有的朋友会说，也有搞虚假材料套取银行贷款的，确实有，但是这个做法是犯罪的，是要付出极大代价的，我们不否认有这种情况，但是极为少见，不是我们日常经济活动的常态。

（4）资本投资情况。如果有企业拟进入资本市场，有专业投资机构进行投资，那么说明企业的经营状况还是良好的。

（5）其他指标。可以公开查询到的企业发展指标都具有参考价值，试举例如下：企业申请专利的质量、速度；企业获得政府的奖励或者补贴等。

（6）交易经验。除了初签合同，还有一些情况是交易双方滚动发展的业务，在新签或者履行合同的过程中，我们还可以从对方付款是否逾期，逾期的频率、数额与期限等维度进行判断。

（7）诉讼的信息。此类信息不要只关注诉讼总量，而是要分析其作为债务人的事由，或者作为被执行人的情况。这个相对来说比较具有专业性，但对于重大的交易而言，适当考察此方面的因素还是很有参考价值的。

综上，可以参考的因素是多方面的，需要企业根据交易对手的实际情况展开考察。

第四节
生产制造能力的表现与识别

生产制造能力意味着提供产品的能力,与支付同样重要。一般来说体现在以下几个方面。

1. 相应的加工生产设备

交易对手的生产设备情况一般不会成为合同的内容,但却是履行合同的重要前提。生产线严重落后导致生产能力不足而无法履行合同的情况并不少见。

重大交易对于设备、生产技术水平的考察应该成为合同谈判的一个部分。

2. 专业技术人员情况

我们很难深入去了解一个企业的专业技术人员的具体状况,即便是竞争对手,恐怕也只是了解其核心或者领头人员的大致情况。但在一些官方文件中,我们依然可以得到大致信息:有些资质的授予以企业具有相应的专业技术人员为前提条件。但也存在技术人员挂靠的问题。有些企业为了达到某种资质的人数要求,把一些外部有资质的人员拉来"充数",这一点是要注意的。

另外一种方式:考察其过往业绩及在手业务。

3. 专利

除了一些有形的设备、人员这些明显的要素,特别要提醒企业注意一个重要的无形要素:专利。

专利主要考察两个方面：专利的数量、专利的质量，特别是与主营的关系，是否为主营业务的生产所服务。

专利是进行生产的重要保证。一旦生产所需要的专利发生纠纷或者许可发生纠纷，那么相应的生产工艺和生产技术将无法适用，从而影响到相关产品的生产，进而影响合同的履行。

第五节
行为能力的强化

行为能力并不是一个显而易见的东西，那如果担心交易对手行为能力不足该怎么办？这个方法就是对行为能力进行强化。强化其行为能力，最重要的就是提高支付能力，主要的方式就是担保。

俗话说，一个好汉三个帮，如果另一家公司或者自然人出来提供担保，那么交易对手的履约能力特别是支付能力将会得到加强。

担保的一个主要形式是提供保证。选择信用好的公司或者个人保证人就非常重要。

但优质的担保人毕竟不多，更多的还是一些较为普通的公司和个人。信用这个东西，看不见摸不着，总会让人有所担心。就算担保方的资产足够多,提供多个保证也不在话下,可问题就在于,你既不知道对方资产多少也不知道其对外保证了多少,最后的保证会不会变成画大饼?

那没关系,还有更实实在在的方式,就是抵押、质押的担保形式。以具体的资产作为担保物,可以不用担心任何人来和你分享担保。

第六节
行为能力的持续性与风险判断

一、行为能力的动态性

行为能力是会变化的,资质、支付能力、生产制造或者提供服务的能力都可能会发生变化。行为能力一旦向着不利的方向变化,那就意味着可能出现法律风险。

一般来说,交易的完成需要一个周期。例如货物可能是一个持续提供的过程,也可能是分批提供的过程,包括研发、设计,都是分阶段来实现交易安排的。就算是一次性的交易,除非一手交钱一手交货,也存在周期问题,例如付款后或者预付款后30日内交货,30日就是一个时间周期；交货后 10 日内付款，这个 10 日也是周期。在交易对手履行完合同义务之前，起码主要的合同义务完成之前，其行为能力的维持都是必要的。

行为能力的持续性是履行合同的必然要求，对于合同法律风险的控制的一个重要方式就是对于交易对手行为能力持续性的监督。

二、如何观察行为能力的变化

上面我们分析了行为能力的构成，那么以上因素一旦向着不利的方向变化就意味着行为能力的减弱或者丧失。

1. 行政处罚

有些行政处罚要求停产停业、责令关闭、限制从业、吊销许可等，这些也会导致企业行为能力的丧失，通过企业面临的行政查处等问题可以判断交易对手行为能力的持续性。

2. 诉讼仲裁与执行情况

企业的诉讼仲裁和执行情况也是企业能力的一个晴雨表。例如交付不能，可能反映出企业生产制造或者服务能力不足；而拖欠货款或者被执行支付相关款项则可能反映出企业支付能力的不足。

3. 担保的变化情况

例如保证人信誉、能力是否下降；抵押物是否贬值,如灭失是否得到充分补偿;质押物的观察同上。

观察和判断行为能力的持续性对于合同控制具有非常重要的意义,是合同控制权的一部分。对于交易风险的控制这个问题我们将在合同履行过程中的控制权部分进行进一步的详细分析。

第七节
行为能力风险的灵活把握

实践中经常遇到的问题是,行为能力出现瑕疵,如何处理?

有的建筑企业,没有达到一级资质,但是实际上又与一些企业签署了一级资质才能承担的工程项目;有的企业具有某种资质,但是在合同履行中,其资质失去;还有的企业,在履行合同过程中,出现了履约能力的实质性不利变化,诸如此类如何处理?

对于合同的瑕疵如何处理?这涉及合同审查的实务,也涉及合同的具体执行。让我们看一个实例:

最高人民法院《关于审理建设工程施工合同纠纷案件适用法律问题的解释(一)》第四条,超越资质等级签订施工合同的,系无效合同,但如果在竣工前取得相应资质,则视为合同有效。对于无效的施工合同,《民法典》区分合格与不合格两种情况，分别处理[1]。

对于能力瑕疵，法律规定、司法实践或者合同实务的处理也会根据实际情况作具体处理，并非一棍子打死。由于经济活动的复杂性、我们认识的局限性以及信息的不对称性，此类问题不能一概而论，因此我们在合同的实践中，对于能力瑕疵需要有一个辩证的认识。行为能力问题不能绝对化。

评估这个问题，我们需要针对这个瑕疵的法律后果、救济条件以及交易对手后面能力变化的情况综合分析，由企业和专业律师进行共同研判。

能力瑕疵有法律上的瑕疵，也有商业上的瑕疵，因此当行为能力出现问题之际，应侧重不同情况，听取相关人员的意见，既不能无视风险，也不能因噎废食。

---

[1]《民法典》第七百九十三条。

第四章

行为交换属性与顺序性

通过本章的分析，我们将了解法律风险的发生机制与应对措施。

第一节
行为交换的交换性

市场经济是等价交换的商品经济形态,那么其交易实现的机制是什么样的呢?

"一手交钱一手交货"向我们展示了交易的实现方式,就是两个交易行为的交换,复杂的交易和"一手交钱一手交货"的逻辑一样,只不过是通过多个交货行为实现而已。

在路径模式下,我们分析了合同行为在时间上的前后继起关系,着重研究行为之间的顺序问题。在正向路径的视角下,任何一方的每一个行为都是为了实现合同目的而进行的,那么交易双方行为之间的关系是什么呢?

以买卖合同为例,卖方设计产品、生产产品、交付产品都使得买方向取得货物这个目标不断接近;而买方的预付款、中间付款、货到付款、质保金尾款等则是卖方不断向收取货款的目标接近。

> 卖方:设计—生产—发货—质保
> 买方:预付款—中间付款—货到付款—尾款

任何一方的每个行为在向合同目标迈进的同时,对于合同相对方而言,合同一方的行为的结果都增进了对方的利益；同样，自己的利益也是通过对方实施其行为而得到逐步实现。各方的利益也在逐步增加，这个利益增加是通过交易各方各自的行为实现的。

我们比较相邻两个行为，例如买方不支付预付款，那么卖方会发货吗？如果买方支付了预付款，但对方可能没有能力发货，那么买方会继续付款吗？显然不会！

一方通过履行自己的行为增加对方利益的同时，当然要求对方也要履行自己的合同义务以增进自己的利益。可见，一方执行一定的行为就是为了换取对方执行相应的行为，或者回应对方已经进行的行为，这就是合同行为的交换性。

通过双方不停地交换相应的合同行为，逐步接近合同目标并完成交易。交易双方合同行为的交换的方式就是交易实现的微观机制。

第二节
风险发生的机制

控制法律风险，首先要搞清楚法律风险是如何发生的。搞清楚了交易实现的微观机制，我们就很容易解决这个重要问题了。

没有风险是一种什么状态？那就是交易双方都按照

合同约定履行自己的义务，即进行相应的合同行为。所以，风险就在于行为的中断。当你完成交货行为发了货后，对方因为经营困难无力支付货款，此时你的法律风险就出现了。

行为交换中断了，法律风险就产生了。这个就是法律风险产生的机制。

第三节
交换机制衍生的抗辩权

交易主体之间地位平等，当我们面临法律风险的时候，你并不能强迫对方去做什么。解剖了法律风险的发生机制，那么我们很容易发现，尽管我们不能强制对方行为，但我们可以控制自己的行为，通过控制自己的行为，控制法律风险或者降低法律风险。

交易行为价值上的交换性和时间上的顺序性两个属性使得抗辩权成为一种控制法律风险的有效方式。既然行为具有交换性，那么当对方没有相应行为，如果我的行为时间在后（或者同时），那自然可以不进行这个相应行为；当我的行为可能不会得到对方的回报，虽然我的行为在前（或者同时），同样可以不进行这个行为。这种控制法律风险的具体方法，被称为抗辩权。《民法典》第五百二十五条、第五百二十六条、第五百二十七条、第五百二十八条即是关于抗辩权的规定。

特别是当你的行为时间在后的时候，我们发现抗辩权完全是法律风险产生机制的自然的保护机制。

通过上面的分析，我们看出抗辩权就是自然形成的权利。但是抗辩权在中国法律进程中的产生却并不是一开始就有的，原《中华人民共和国经济合同法》（1993年版）的立法中，在交易对手违约的情况下，并没有赋予守约方抗辩权，在《中华人民共和国合同法》于1999年10月1日实施后才从司法解释上升为法律规定。这个例子也再一次提醒我们，要回到经营实践中去理解合同的法律规定，去找出防控法律风险和管理合同法律风险的措施。

法律条文本身比较拗口，我们在学理上将其总结为三种形式：先履行抗辩权、不安履行抗辩权和同时履行抗辩权。如果这三种形式似乎还搞不太明白，那么再通俗一点地理解：

◆ 你不做，我也不做；我做了，你（可能）不做，我也（可以）不做，在同时履行行为的情况下，也适用前面的情况。

◆ 对方的"做"包括"做"但不符合合同约定的情况，即做得不合格。

不安抗辩权是控制权的一个部分，这个问题我们在控制权部分还会进行讨论，在此不再展开。

第五章

行为的客观性与证据管理

合同纠纷的发生总是难免的，理论上说每个合同都可能发生纠纷。处理纠纷的前提是再现合同的整个过程，而此过程要依靠证据来实现，否则就要败诉。行为的客观性意味着的确发生过、存在过，但并不能自动生成一套随时可以调取的证据，所以必须有一个证据管理体系以证明客观发生的行为，或者说行为的客观性在法律上需要得到证明。

行为的客观性意味着收集、制作和管理合同过程中所形成的证据是合同法律风险管理的一个组成部分。

第一节
诉讼结果是管理出来的

证据虽然是对于合同过程的再现，但是这个与拍摄记录一个演员的表演过程是不一样的，拍摄独立于演员的表演之外，但是证据却不可能另配一套人马跟踪制作。证据是在经营过程中形成的，但证据却不都是自然而然形成的，更不是就待在那里随时等你拿去使用，这就需要企业在经营过程中，同步进行证据管理。

真相只有一个，相信这句话大家耳熟能详。很多人把发生过的事实等同于真相。这在诉讼中是个错误的看法，让我们看一个案例。

兰州农村商业银行股份公司金城支行起诉某公司数千万元借贷合同纠纷，因为缺乏相关证据，无法证明借款的事实，一审败诉；二审依靠一系列证据链证明借款确实发生过，而得以改判[1]。

是否借款，显然只能有一个真相，但是一审呈现的是"没有发生借款"这个事实；二审呈现的是"发生借款"这个事实。客观发生的事情是"客观事实"，是真相，而能为证据所证明的则是"法律事实"，"以事实为依据，以法律为准绳"审判原则下的事实就是"法律事实"。

---

[1] 二审案号：（2022）甘民终37号。

《中华人民共和国民事诉讼法》第一百七十七条第一款第二项就是关于二审对于一审认定的事实错误而进行改判的规定[1]，可以想见，不同的证据状况所证明的"事实"或者说"真相"是不一样的。

客观事实和法律事实，两者可能是统一的，也可能是分离的，在分离的情况下怎么办？以法律事实为准。

我们能看到一些当事人的主张被推翻后，赌咒发誓说自己的说法是真相，如果从情理心理来推测，可能真相真的在他那边，但是法律事实却不在他那一边。法律不支持不代表真相就不在他那边，不然怎么会有"以死明志"的事情发生呢？当然，为了合同纠纷以死明志的可能性很小，也并不建议，但是哭哭闹闹、信访不辍，因而形成恶性事件的情况也并不少见。

司法审理的过程就是对于事实还原的过程，这个还原主要依靠当事人来进行，不像刑事案件绝大多数都由侦查机关去查证、再现。刑事侦查借助于国家公权力，具有极大的威慑效果和强大的查询手段，但合同纠纷的当事人则没有达到相应的等级，无法使用国家强制力去查找证据。

有些企业对于交易双方的纠纷以诈骗罪或者其他罪名去报案，有的确实是因为主观认为已构成诈骗罪，但

---

[1] 原判决、裁定认定事实错误或者适用法律错误的，以判决、裁定方式依法改判、撤销或者变更。

也有不少是希望借助公安机关的力量查明证据。类似的还有行政违法的报案等。

在上面的例子和分析中我们可以看出，证据必须管理，管理水平的不同，可能造成证据完备程度的差异，进而影响诉讼。

在这里，我们想再强调一次，希望企业家朋友能够真正重视对于证据的管理：官司的结果是管理出来的，而不是打出来的。

律师的水平当然有差异，甚至有时候很重要，但事实是基础，证据方面如果出现问题，巧妇也难为无米之炊，再厉害的律师都没有用。

许多企业家刚听到这个问题很迷茫，客观就是不以人的意志为转移的存在，那为何还要管理？其实要说服企业家也很容易：诉讼的基础都是证据问题，不少诉讼就是因为证据问题而败诉。但接着企业家就会觉得犯难：管理企业我内行，证据怎么管理呢？下面我们就来解开这个看似不属于经营管理范畴但又必须认真管理的问题。

第二节
证据的基本要求

证据之所以能被采纳，是因为其具有的绝对性。这个绝对性就是不可推翻。因此不论证据规则如何，其核心原理不外乎如此。这个特征将有助于企业员工识别与保留证据。

1. 排除主观性

在证据形式中，人证是一种常见的证据，即所谓的证人证言。顾名思义，所谓证人证言也就是把证人对于所知悉的事情的陈述作为证据。

当事人本身的陈述，也与此相同。

影响陈述的因素很多，当事人的心理态度、记忆是否准确、精神状况、当事人的立场等。证言具有很强的主观性，除非你的诉讼对手也认可，否则单独的证人证言很难被采纳，必须有其他证据予以印证，形成证据链，证人证言才能发挥作用[1]。

当然证据链也有严格要求，并非几个证据就可以构成证据链。一个人说天上有两个太阳不行，那么再来一个这样说也不行，再多几个这样说是不是就可以相互验证？也不是。

简单的办法：尽量不要指望你说的事情会被对方认可。因为一旦对方不认可，你怎么办？你说把200元现金交给对方，我们这里再提一次抗辩性思维，你就要想

---

[1]《民事诉讼法》第七十八条规定，人民法院对当事人的陈述，应当结合本案的其他证据，审查确定能否作为认定事实的根据。当事人拒绝陈述的，不影响人民法院根据证据认定案件事实。

到被对方否认。对方不认你怎么办？除非有对方的收据或者收钱的视频。

有兴趣的同志不妨去观摩庭审，你会发现诉讼的当事人特别是个人或者企业的代理人反复强调："我保证确实是这样……，"为什么出现"请你相信我"这样的执念？他们的逻辑是这样的：我说的都是真的，既然是真的，就会被接受。但谁会接受你的自说自话呢？

当我们的同志知道"请你相信我"这一套到了法庭上真的没用的时候，就不会再出现送货不让别人打收条的情况了。

2. 唯一性

证据因为其具有的绝对性，所以表现出唯一性。例如原件，具有唯一性，可以作为证据使用，但复印件则未必。

为何如此？不在于复印件有很多份或者可以形成很多份，而是复印件可能表达了事实，也可能表达不了事实。例如欠条，甲借款给乙，乙打了欠条。乙已经还款并收回借条，但甲复印了该借条，保留了复印件。

那么复印件是不是就完全不能用？原则上是这样，但是有的时候"原件"不能再次制造，怎么办？就需要出具原件的人对于复印件予以认可。由出具人在复印件上加盖公章或者签字。

3. 彻底性

证据绝对性的另一个表现就是彻底性。证据一定要到最为基础，无法向前追溯的程度，也就是达到一个客观的不可动摇的原点。

我们还是以大家熟悉的送货收货为例。想象一下，你送货时间不能确定，例如可能晚上八点到，也可能半夜到，也可能你送货的时候对方公章暂时无法使用，这个时候收货部门或者仓库部门收下就好了，不可能再等半天来拿收据。怎么办？那就请收货的同志写明收货明细再签字吧。

这个签字行不行呢？只要对方认可就行，不认可就不行。一个公司诉讼就遇到这个情况：对方不承认这个签字人是他们的员工，自然也不承认收到了货物。公司经办人员除了签名居然连此人身份证信息都没有哎！好在后来通过查询该客户社保情况，有此同名人员，对方承认该人为其员工，进而认可收货。如果收货人是劳务派遣或者聘用的临时人员，无法查询到社保情况，无法发现线索呢？可能真的无法找到此人，送货的事实永远查不清了。

所以仅有签字还是不够。运用一下抗辩性思维动脑筋，谁让对面的他来收货的？他是骗子还是代表公司呢？若是公司，就要有一个公司授权，此人应该有一个授权委托书。这个委托书必然是盖了公司公章的。

至此，我们就追溯到了公司公章，通常来说，公章就代表了公司，这就到了原点。到了原点也就体现了彻底性。

第三节
证据管理的基本内容

证据管理很必要但又让企业家困惑，听了很多关于人力资源管理、战略管理、物流管理、财务管理、市场管理等的内容，好像就没有听到过证据管理。那么让我们一起探讨这个问题吧。

证据管理基本上包括如下方面：

首先是对证据本身的管理。证据是一系列的材料，这些材料该如何管理？

其次是对证据形成的管理。证据不都是自然而然形成的，如何形成有效证据，也就是如何留痕？

最后是对于员工——证据参与者的管理。

一、对于证据材料本身的管理

在合同签署、履行、变更、争议的过程中会形成很多很多的材料，不少企业对于证据管理的认识往往停留在档案管理这个层面，这是不够的。证据管理在某种意义上是档案管理的一部分，但又不简单等同于档案管理，除了满足档案管理的一般原则，还要满足诉讼对于证据的要求，管理的内容如下。

证据的作用在于为未来可能发生纠纷的所有法律问题提供支撑，这就决定了证据材料的范围应该能够记录合同签署到诉讼前的所有方面。因此，其全面性尤为重要。法律表述的证据形式比较抽象，我们结合企业运营进行简单展开。

《民事诉讼法》第六十六条规定的八种证据形式，是对于证据归于何类的认定，不是我们认识证据形成的基础。对于员工来说，要搞清楚的是证据在经营的哪个环节形成，可能形成什么样的证据。

（1）双方交流所形成的资料。

合同在谈判、签署、履行、纠纷处理过程中，双方交流、传递相关的意思表示的信息形成的资料的载体表现形式多样，主要有：往来的所有文件，这些文件可能是以公司名义发出、签收的书面文件，包括传真、视频资料等；也可能包括具体业务人员之间的微信、QQ、短信、邮件往来等。后者的一些信息存在于个人相关手机等存储介质中，这类文件应该也包括进来。

一些依附于个人所有的载体的信息，因为员工保存不当或者员工的流动，很容易流失。有些诉讼可能于几年后发生，而相关人员早已离开公司，或者保存介质已经损坏或者丢失，那么再来归集这些材料就比较困难，往往可能会给诉讼带来难以弥补的损失。所以要及时收集资料。

（2）与偏离关联的资料。

一个合同的履行，不仅会留下各种纸质或者电子类的文件，同时还会有各种各样的物证，这些物证除了实物，还包括"现场"等庞大的物质形态。

同时，在证据管理中必须认识到，除与合同履行直接相关的一些因素外，还有一些关联的证据：例如交易的对方因为违约，给公司造成了损失，那么公司应当采取适当的措施防止损失扩大。这些适当的措施的相应资料也需要作为客观性的一个组成部分。类似情况例如对方违约，导致公司对第三方违约而赔偿的损失等。

同样的逻辑，合同变更或者争议交涉过程中形成的材料也是证据的组成部分，属于管理的内容。

（3）形成完整证据所要求的辅助材料。

例如解约的通知，一般人可能就把通知内容作为档案收集。但从诉讼证据规则来说，则是不够的。通知是一个意思表示，但通知则需要送达才能生效。那么为了符合送达要求，就需要把送达页面的照片、快递单号、快递签收的查询底根等作为一套材料进行归集。

（4）救济措施形成的材料。

对于有争议或者可能、已经发生纠纷的交易事项，我们建议公司应对于合同管理中形成的材料进行法律分析论证，其标准是如果发生诉讼，这些材料是否有瑕疵，是否充分，是否需要提前采取措施进行补救，并将补救形成的材料纳入证据管理范畴。

二、管理的主体不止员工

通常我们的管理主体是职工，即与公司有劳动关系的人，有些还包括返聘的人。但证据的形成和保存过程的参与者不仅于此，因此主体范围不止于员工，还包括与企业有合作的主体，基本上可以分为以下类型。

1. 劳务派遣工

劳务派遣工已经成为当前用工的一种重要形式。从法律上来说只有公司中那些临时性、替代性的工作可以采取劳务派遣工的形式，但实践中多有突破，有些劳务派遣工也参与到合同进程。面对这种现实，必须将他们纳入管理范围。

2. 劳务合同涉及的有关人员

劳务合同是一种商务合同，严格来说不应纳入公司的内部管理范畴，但实践中存在着不少以劳务合同规避劳动派遣和合同用工的情况。这些人员承担着和公司员工同样的工作。我们不提倡这种规避劳动合同管理的行为，但是面对现状，确实有必要纳入管理范畴。

3. 有商业合作的，参与履行合同的企业员工

例如公司委托运输公司送货，不管运输企业如何管理自己的企业，我们需要运输公司按照送货的证据要求与客户互动并取得有关材料。

公司管理制度是内部制度，不具有对外效力，无法直接及于运输公司员工，但是可以把涉及的管理内容作为合同条款施加于运输公司，从而满足公司对于证据管理的要求。

三、材料归集的原则

1. 材料与合同相对应

每一个合同诉讼纠纷都是起因于一个个具体的合同关系，证据是与特定合同相联系的，因此这些证据是一个整体。证据材料归集以合同为单元，而不是以单位或者年度之类的时间为单元。

具有双重性的材料，应该如何处理？

合同履行是个复杂的问题，虽然合同具有相对性，是交易双方的事情，但是因为其他事项或者其他合同产生的资料也可能会与本合同有关，例如交易对手在 A 合同中违约，从而导致公司在与第三方之间的 B 合同中承担损失。关于这个损失的材料是在合同 B 履行过程中所形成的，应归集在 B 合同名下，但它又是 A 合同纠纷的证据，因此也应纳入 A 合同的管理范围。那么建议这些

资料复印件保存在 A 合同中或者列明,并注明原件位置。

与此类似,我们在合同履行中收集到的不安抗辩权的有关材料,包括公司滚动业务中的违约,只要可能影响到合同履行,该等证据也要纳入管理范围。

2. 同一交易主体下合同材料的处理

从企业经营的实务看,公司之间的长期滚动业务比较常见。以单位作为合同分类依据要比以业务、时间为依据更容易归集、保存证据。

同一单位下,合同关系也可能比较复杂。例如不同的合同约定的管辖地不同,有的是原告方,有的是被告方;甲方、乙方所在地,合同履行地、签订地等,都会导致同一合同受不同地区的法院管辖;也有的约定仲裁,可能导致仲裁机构受理。

但是毕竟是同一个交易主体,虽然合同内容不同,却还有很多共性,例如对方针对不同合同拖欠款项,可能导致公司对于交易对手的提前起诉,这个就需要把之前的付款事项的违约情况作为不安抗辩权的依据,此时以交易主体来归集材料就比较便利。

四、个人载体的证据信息管理

合同是由具体人员来执行的,一些材料信息会形成、保存于员工的私人通信工具如微信、QQ、短信、电子邮件等,存在于个人相关手机、电脑等存储介质中，这类文件应该也包括进来。企业应建立一个机制，确保对此类信息的收集。

第四节
动作准则

证据的形成是和经营活动相伴相生的，但是证据太多了，特别是大部分证据是在员工的手中形成的，而大部分员工可是没有专业法律知识的，要让他们熟练掌握证据规则那是不可能的，怎么办呢？

另外企业管理者还有一种担心，涉及这么多人、这么多环节，要增加很多成本啊。这些都不用担心！只是进行一点完善而已，小改善会有大收益！

从证据的形成来看，企业合同行为分为两个部分，其一是自动形成证据，例如付款，只要不是现金交付，自然会形成证据；其二是需要附加形成证据的动作。例如现金付款，需要收据；交货需要收条；验收通过需要验收记录。证据有八种形式[1]，所说的企业合同履行过程中之行为要留痕，就是形成书证、视听资料、电子证

---

[1]《中华人民共和国民事诉讼法》第六十六条规定，证据包括：(一)当事人的陈述；(二)书证；(三)物证；(四)视听资料；(五)电子数据；(六)证人证言；(七)鉴定意见；(八)勘验笔录。

据等。

有些企业搞制度文本很下功夫,甚至聘请了专家、学者。最后形成了厚厚的一份制度文本,有文笔优美的,也不乏文字晦涩的,有时候没个举人水平都理解不透。君不见有些制度是这样的:

挂在墙上很显眼,迎接检查很亮眼,执行起来很瞎眼,面对损失很泪眼!

为什么会这样?因为制度总体来说还是比较抽象空洞的,落实起来不是那么容易。

曾经听说一则逸闻趣事,某上市公司诉讼出了问题,高管被老板骂得不敢说话,更谈不上建言了。不少老板面对败诉,要么骂员工工作水平差,要么骂对方不诚信。可是我就来看个大门你还要求我在证据方面有个法律本科的诉讼法水平,老板啊,你给我多少工资啊?你要对方诚信,无商不奸难道是说着玩的吗?那老板是不是该想想:可能骂自己才对,才能改进管理。

怎么改进管理呢?面对众多员工的要求,制度是必要的,但停留在制度水平是远远不够的。可操作性非常重要!对于证据管理而言,可操作性就是把要求深化到动作守则。

证据是一个复杂的问题,企业对于证据管理存在这样的难点:首先是让员工学习证据规则,结合工作实践来自觉认识，主动形成证据，实在是勉为其难。其次是人员的流动性问题，新来的员工或者员工岗位的调整，这些都会导致员工对于自己岗位的要求不那么熟悉。最后则是个人认知也会有一定的差异化。为了避免一些基本错误，企业制定相应的行为准则是重要的控制手段，我们可以命名为动作准则。

企业可以根据自身的具体情况，梳理出具体岗位的具体行为，针对性地制定相应的动作准则，把工作内容标准化。这个工作实际上就是行为标准化的过程。

以寄邮件为例，公司可以制定邮寄规则：寄出底单要求、单号要求、单号查询要求、已经签收的查询、对交办人的反馈、交办人的确认、及时存档。如此一来整个流程规则就变成一个十分简单有效的管理模式。

动作准则要极具针对性与操作性，让这个岗位的工作质量不会因为个体差异而波动。

"动作准则"是一个非常重要的工具，法律是抽象的，证据是具体的。企业很重视技术上的操作手册，但对于证据管理的动作准则依然存在着缺乏认识、认识不到位、落实不到位的问题。

证据的形成与管理都可以具体化，成为有效的管理对象。下面我们继续讨论如何管理证据的问题。

第五节
确立事了案结的管理原则

证据的管理什么时候是个尽头？证据之所以缺失，往往是因为对于证据的过程管理缺乏概念。一般合同之类的文件比较容易保全，而后续材料则比较容易疏于形成或者丢失。根本原因还是在于大家对于合同签署过程比较重视，而对履行过程则比较忽视，若合同因为各种原因被拖得很久，那么后续的忽视则会更严重。但诉讼的经验告诉我们，证据管理是一个需要持续跟踪，直到合同完全结束的过程，因此在证据管理中要树立"事了案结"的概念。

所谓"事了"包括合同已经履行完毕或者纠纷解决完毕。在整个过程中，要始终保持高度持续的关注。

以企业应收款的现象为例，有不少企业发货完成了，但货款迟迟无法收回，有的账龄两三年、三五年甚至更长。等到诉讼时，可能合同、发货等基础资料还有，但是后续催收的资料却很难收集。形成的原因是企业没有过程概念，没有事了案结的概念，对于后续催收过程的资料就不再注意纳入证据管理体系，导致诉讼时效丧失。

一些企业在履行合同过程中，以为货发了就完事了，就可以归档大吉了。后续人家提出质量异议，互相交涉时，资料却没有了。

类似情况又如诉讼管理，是不是诉讼委托律师就万事大吉了？收到一个法律文书就行了？也不是。实践中，案件过了续封期、过了上诉期、过了申请执行期的情况还是会经常发生。

事了案结这个过程观念是证据管理的一个非常重要的理念，管理的范围和时间维度与档案既有相同又有不同，这个是企业在证据管理中需要重新认识并加以特别注意的。

第六节
赋能档案管理

在传统范式下，档案就是一个材料归集系统，材料主要是供备查、研究之用。在通常的认知下，若有人提出档案管理也可以变成风险控制的法律工具，并且具有极为重大的作用，恐怕很多人会觉得不可思议，但在新的思维范式下，这个将变成再简单不过的事情。运用新的视野，我们检视企业中的一些事项，可能会有更多的新发现，赋予老方法更多的新功能。

那么我们来看档案管理的新功能是怎么发生的呢？

在合同法律风险管理的视角下，档案之所以能够变成合同法律风险的管理工具，取决于以下条件。

1. 动作准则保证证据形成的全面性

在具有动作准则的管理模式下，保证了证据的全面性，符合诉讼的要求。

2. 及时上传

当证据形成的时候，要求及时上传档案管理系统。档案管理的视角下，档案材料及时收集可避免遗失。档案管理主要功能在于归集、管理档案材料，似乎与合同法律风险风马牛不相及。但在风险控制的视角下，则具有及时发现风险隐患的重要功能。

3. 符合性检查

合同流程中的每个行为都会根据法律规定形成相应的材料，这些材料均应纳入合同管理系统，上传的材料应得到检查，当材料不完备的时候，证据会存在瑕疵甚至可能引发败诉风险。

4. 专业法律检查

当符合性出现问题的时候，就要转入法律人员的专门审查阶段，以考察这个缺失的法律后果。

5. 救济

根据证据瑕疵的情况，制定补救方案，及时予以补救。瑕疵刚刚发生的时候，不管是补救的时间还是补救的条件都比较好，时间长了很可能由于各种原因就难以补救了。

档案管理原来只有收集和管理材料的功能，但当有了动作准则、实时监督和纠错机制之后，档案管理就变成了证据法律风险的实时监控工具，具备了控制合同法律风险的功能。

第六章

抗辩性思维

在第一章中,我们对作为风险管理方法的抗辩性思维进行了简单的介绍,本章我们将对这一方法进行详细剖析。

第一节
抗辩性思维的核心在于思维导向

纠纷发生之后，无非有两种解决方案：自行协商或者诉诸法院。

自行协商并非简单的讨价还价，而是首先要厘清问题，然后再来确定和解方案。这个厘清问题也是抗辩的过程，只不过可能方式上更和气一点、内敛一点。

诉讼方式中，举证质证是很典型的抗辩形式。一方举证说明自己的观点，对方质证，反驳和否定对方的观点。谁的观点是正确的，法院就采纳其观点，这个诉讼就会对谁有利。

合同签署时，双方可能都觉得没有发现问题，也有可能比较悲惨的情形是只有你没有发现问题而已。一旦合同发生争议，双方都会把条款翻个底朝天，力图证明文本不是对方所说的那个意思；你以为你履行合同没有问题，对方会找出你这样那样的问题，抗辩你的证据这个不足，那个没用。

例如当甲方在法庭上出示解除合同的通知，以试图说明甲方已经发出解除合同通知，主张合同已经解除。乙方抗辩，通知是真实的，按照合同约定，甲方有合同解除权，但是根据合同约定，甲方应当在知悉产品质量问题后7日内发出通知，而甲方发出通知的时间是在第九天，已经丧失了合同解除权。很显然，乙方的理由成立。

从原告和被告的简单模型分析，原告所谓的举证证明，是先设定一个结论，然后找合同依据、法律依据、证据依据来论证这个结论，要想尽办法来论证我们的主张。这个是举证思路。从思维方式上来说是肯定导向。

回忆一下，你是否曾有这样的经历：你以为自己的这个表达很好，怎么看都好，没人能比你更确切地表达某个意思，但却在法庭上被推翻了。在合同的谈判、文本形成和履行阶段，很多人往往会有导向性思维，表达方式可能有很多争议。有时你灵机一动，写出了几句话，周围的人也觉得不错，你可能会越看越得意，但真的发生争议时，却发现原来问题还是不小。

而质证的思路则相反，对于对方的观点、材料，其思维导向是去否定，从各种角度否定对方的理解或者做法。

从发现问题、预防问题的角度看，合同的谈判、文本形成和履行阶段需要反其道而行之，要不断否定自己的想法、做法，直到正确。要采取质证思路，充分发挥抗辩性思维的作用，发现问题于前。

如果我们在合同的整个过程都运用抗辩性思维来发现问题，避免错误，那么合同法律风险将会极大降低。

第二节
抗辩性思维应用场景

抗辩性思维犹如法庭演习，通过这个思维方式可以有效控制法律风险，那么其应用场景是怎样的呢？

一、发现（解决）合同文本问题

文本是对于交易安排的记录，也是确定交易双方真实意思的基本依据。但文字表达与真实意思之间可能会存在差异，语言运用本身也可能出现错误，导致意思不明、产生歧义甚至矛盾。

抗辩性思维对于解决文本问题有很大的帮助。

梁慧星先生在《裁判的方法》中举了一个这样的案例：

在一起债务纠纷中，原告出具了一份欠条，上面载明被告借款6 700元，欠条下面部分又批了一行字"还欠款5 700元"。原告主张被告应偿还欠款5 700元，被告则说其欠款只有1 000元。为此双方针对这个"还"字各执一词，原告说这个是hái，中间被告给过1 000元，剩下欠款为5 700元；而被告则说这个是huán，中间给过原告5 700元，实际情况是欠款只有1 000元。

这是一个小学生都知道的多音字引发的问题。如果欠款人具有抗辩式思维，那就可能不会如此。他下次再偿还1 000元,说已经不欠款了。出借款的人会不会认账呢?如果不认账,理由可能是什么呢?要利息不可能,因为本来就不收取利息。那么就是欠条内容,第一句没有异议,第二句"还欠款5 700元"是否有异议呢?每个人都会先入为主,欠款人的导向性的解释就是偿还,但是经不起抗辩性思维的质疑,如果你问他这个是huán还是hái?他一定不会犯这个错误。例如他会写上:"偿还了5 700元""尚欠1 000元"之类。

二、解决可操作性的问题

可操作性是合同中须关注的一个重要问题。有些合同如果只是从文本意思上看是没有问题的,或者说看不出问题的,但其所规定的相关行为却不具有可操作性。我们以抗辩性思维来剖析其中一个例子。

某知名品牌公司与某传媒公司进行合作,由传媒公司名下的某游戏职业联赛的团队进行代言。其中一个内容是将含有游戏团队成员的肖像在媒体播放、在公共场所进行张贴。这些队员有很强的流动性,一旦离开该俱乐部了,团队的成员就要变了,代言的广告肖像等也需要调整。

其中一个条款就是针对这种情况的约定:"若乙方(传媒公司)成员于本合同合作期限内发生变更的,乙方应及时书面通知甲方(品牌公司),甲方应于收到上述通知之日起停止对不属于乙方成员（若有）的肖像、名称等进行任何形式的使用……"。

这个条款文字上看起来有没有问题呢？一点毛病都没有，甚至你改为"收到通知起3日内"停止使用都没有文字上的问题。就像那个熊孩子小明自吹自擂："小明一分钟跑完了1 000米"，文字上一点问题都没有，实际上却不可能。

通过抗辩性思维，我们很容易发现这个约定在可操作性上存在问题。我们来看看这么多肖像资料，散布于全国各处，商场、道路、店面等，有张贴，有悬挂，要联系各地广告商，这些人还需要调整组织人员、协调发布场所的所有权人或者管理者等，那么如何可能在接到通知之日就实施完毕如此庞大的工程？显然通过抗辩思维方式的质疑，我们发现这个约定在时间上根本不具有可操作性。

让我们再来看一个行为要素的缺失引起的可操作性问题，通过这个案例进一步加深我们对于抗辩性思维的理解。

这是企业签署合同时常常出现的问题，例如合同约定分两次交货，约定了交货日期，但是每次交多少没有清楚约定，那么作为买方，你要求卖方第一次交付70%，可以吗？对方可能就会拒绝你的要求，而是只交付40%。理由很简单，合同并没有约定双方第一次交付的具体数量。

如同交货行为具有时间、地点或者交货方式等要素，其他行为也有其构成要素，类似要素的缺失，在合同起草或者审查中经常能够遇到。若真的从文本检查，发现它还真的不容易，但是有了抗辩性思维的方法，模拟一下行为，那么这个错误则比较容易被发现并得到改正。

三、减少履行中的失误

在合同的履行中，有履行合同义务的错误，也有行使权利的错误或者失误。

合同的履行并不是一个法律专业性很高的事情，可以说是常识问题，就像送货、提出质量问题，这不是任何一个普通人都要经常面对并能理解的问题吗？只是从法律上说，对于此类问题会有相应的规范要求，但是这个规范要求并不会变成一个极为专业、晦涩的东西，否则交易成本太高了，很多问题通过抗辩性思维都可以发现并被解决。例如，你收到货，明知道有质量问题还要使用，那么将来这个质量问题引发的纠纷是卖家的原因还是你的原因造成的呢？所以你要保留物品原样，否则将来就说不清。

四、发现侵权的误区

合同的一个特点是相对性，也就是权利义务局限于交易双方之间,交易双方对相互之间的关系比较重视,比较容易忽视所涉及的第三方。

在大家的观念中,合同与侵权是两个不同的领域,往往对于合同中侵权可能性的警惕度不高。比如奥迪、小鹏汽车在履行广告合同中发生了侵犯第三方知识产权的情况。这样的问题,奥迪、小鹏这样的大公司尚且搞不定,莫非治理难度真的很高?如果有人得出"确实很高"这样的结论,那么这个也是伪命题。

让我们来看一个故事。

为发展地方旅游,国有旅游公司甲制作一个宣传片,遂与某传媒公司乙签署了广告制作合同。宣传片样带中视频画面非常美丽震撼,客户很满意。

在审查样片的过程中,业务老总对于其中几幅照片非常感兴趣,问道:这几幅照片哪里来的?也许这个老总只是好奇,也可能是担心广告制作方对于照片的使用权。

根据业务老总的提问,果然查出了问题:有的照片是公司自有的;有的照片是为了履行本次合同专门拍摄的;有的照片虽知道著作权人,但是并没有取得授权;还有的是从网上搜寻到的,不知道谁是著作权人。那么问题就来了,你不知道谁是著作权人,但著作权人没准会找到你啊!通过抗辩性思维方法,甲公司发现侵权的问题并及时调整,避免了侵权纠纷。

小鹏、奥迪的员工在接收对方交付的成果时，如果有抗辩性思维，能够避免发生侵权行为吗？显然可以，并且如此轻而易举！

在抗辩性思维的模式下，首先是对广告商是否有权使用素材的质疑，广告商要回答这个问题，必须拿出依据，这个素材是它自己原创的、受让版权的还是得到别人授权的？如此一来，风险问题就比较容易发现。

五、证据管理的重要工具

打官司就是打证据，可见证据的重要性。证据的形成主体涉及参与合同履行的每一个人，包括高管，中层，本企业的普通员工、劳务派遣人员、劳务人员等。证据就是在他们的手上形成的。

证据的形式是复杂多样的，不可能指望广大普通职工都有良好的法律专业知识。第五章"行为的客观性与证据管理"中，我们专门论述了证据管理问题并提出了动作准则，但是并非每个公司都能迅速"上线"这个准则体系，同时这个体系也不可能概括所有情况，突发事件、新的问题总是会不断出现并向原有的体系提出挑战，那么这个时候拥有抗辩性思维就能给公司、员工提供帮助。

甲、乙公司合作多年，甲公司的业务员张先生与乙公司经办人李先生关系一直不错。在一个设备买卖合同中，乙公司的项目审批出了一点儿问题,需要延后,所以李先生与张先生电话沟通延期半年交货。基于双方良好的合作关系和信任,张先生爽快地答应了,并颇费周折请公司调整了生产档期和仓储。

半年之后甲公司如期交货,但乙公司一直拖欠货款,无奈之下,甲公司与乙公司对簿公堂。在诉讼过程中,乙公司却提出甲公司逾期交货,因此要承担逾期交货的违约责任。甲公司提出延期是应乙方承办人李先生的要求进行的,为此公司还发生了一些损失。然而,这番说辞法院是不认可的,为此,张先生与李先生取得了联系,请他出面证明延期是乙公司主动要求的,被李先生婉转拒绝。结果可想而知,法院认定甲公司逾期交货构成违约。

张先生在答应李先生关于乙公司要求延期交货的时候,在张先生心中确认的事实是这样的:要求延期交货是乙公司提出来的。但乙公司会说:"我没有提出来要求你延期交货啊,是你甲公司自己交货迟了啊。"我们看,第一个问题就出来了。

对此,张先生会说:"这个是李先生告诉我的。很简单,请李先生做证。"屁股决定脑袋,李先生得是一个什么样的牛人,才能冒着丢掉饭碗的风险来做证呢?到此第二个问题就出来了。

抗辩性思维运用到这里,张先生会明白,仅仅电话沟通是不行的，需要有证据，起码需要有李先生的书面要求、电子邮件、乙公司的书面文件之类的资料。

六、把模糊事项清晰化

不论是在生活中，还是在经营实践中，总有一些事项是模糊的，不太容易做到精确。例如为了招待贵宾，领导安排后勤把接待晚宴得搞丰盛一点，那么丰盛一点是什么样子呢？说不清楚的。但是一个有经验的办公室主任或者大厨总是能把这个模糊的事搞得皆大欢喜。

合同领域也有类似现象，例如近几年光伏材料市场价格波动较大，各方会约定如果价格波动过大，可以调整合同价格；建筑工程总包，材料人力等费用变化较大，也可以协商调整价格。那么何为过大、较大呢？判定标准比较模糊。这种情况下产生的诉讼就很多，但要证明达到"过大""较大"的程度确实是非常困难的。生活中应对模糊性的做法在合同中不适用。

有的合同约定了解除权，但没有具体写明行使日期，因为当时这个行为可能是策略性安排。然而一旦合同解除权情形出现了，应该何时提出来呢？也许你需要权衡而不会立即行使。但当有一天你提出解除合同时，是否想过，对方可能会告诉你：现在你不能提出解除合同了，时间太久了。你能说他没有道理吗？你总不能想着过个几个月、几年才提出解除合同，法律还会保护你吧？

就凭这个抗辩性思维得到的不符合常理的结果，你也会麻溜地行使解除权或者迅速咨询相关的法律专业人士。

第三节
抗辩性的思维方式是群防群治的基础

在很多案件的处理过程中，当事人忽然发现对方的抗辩有道理，原来自己的理解或者履行的方式中的相关行为确实是有问题的。

有些当事人后悔不迭，大呼"这么简单的事情，当初我怎么没有想到呢"，或者说"这个事情当时这么做就好了"。很多问题并不需要很高的专业水平，而是只要具有基本生活常识、法律意识和判断能力的普通员工就能解决的。当事人在事发后最常发出的一个感叹就是：当时如果自己多想一点，那么这个问题就不会出现了。

如何多想一点呢？那就要当事人有意识地运用抗辩性思维模式。这样的感叹充分说明一个基本事实：法律风险控制的很多方面并非必须要有专业的法律知识，只要有抗辩性思维和生活常识往往也能解决。

抗辩性思维的简单易行并不代表它可以自动运行。企业需要结合自身经营中的行为特点，向员工灌输抗辩性思维，不断结合案例提升员工认识和运用抗辩性思维的能力。

企业需要认识到，合同从洽谈、形成文本到履行存在很多环节，在这些环节上的每个行为都可能产生法律风险，员工具有了发现风险的基本能力，控制合同法律风险的主体就可以延伸到参与合同的每个员工，就从组织基础上解决了法律风险控制的难题，法律风险的防范就真正具备了群防群治的机制。

员工、企业法务、外聘律师专家团队形成了法律风险控制的金字塔结构，员工是基础，基础不牢，地动山摇！

第七章

控制权

合同法律风险的控制权是个比较新的提法，控制权作为一种不自觉的认识，其控制手段较散乱，尚未能成为企业的自觉行动，存在较大的盲目性。

本章以及随后有关控制权在文本阶段、履行阶段（含诉讼执行）的应用这几个部分，将集中讨论控制权的问题，希望能帮助企业厘清这个问题，自觉地、系统地运用控制权。

第一节
控制权的对象

参与交易的各方都可能成为合同法律风险的来源,因此参与主体均应该是管理的对象。

例如交易对手拖欠货款,可能是因为交易对手故意拖欠,也可能是因为资金困难而不得不拖欠,显然这个原因在交易对手。交易对手属于合同法律风险的控制对象,这个是共识问题,不仅如此,很多人由于过于关注对方,而忽视了其他,例如自己。俗话说,灯下黑,在紧紧盯着对手的时候,反而会疏于防范自身的失误。

如果公司催要无果之后,就放在一边不管了。过几年才发现欠款人经营很好,想再去诉讼追款的时候,诉讼时效过去了,出现了败诉的法律风险。那这个原因就出现在自己这个方面了。

合同的相对性,决定了合同履行是交易双方的事情,但也可能涉及第三方公司。例如买卖合同中由第三方收货,公司委托第三方运输公司进行送货。

第三方运输公司的法律后果同样是由公司承担的,例如货物是否交付。从交付的法律后果对双方的意义来看,这个与公司自己送货是没有什么区别的。因此公司送货需要领取收据,第三方运输公司也要取得同样的收据。该收据的意义对第三方运输公司而言是已经完成运输合同的证明，但另外一个更重要的意义是公司与交易对手项下的合同义务已经完成的证明。从这个角度看，第三方运输公司依然是买卖合同法律风险的管理对象。

因此，从广义来说管理对象有三个方面：交易对手、自己的员工、合作的第三方。但控制的方式和手段、对象层级是有区别的。对于企业本身，是通过管理自己员工的行为来实现控制权，而对于交易对手和第三方，由于无法直接发号施令，只能通过合同方式实现间接管理。例如，企业对于运输方的要求必须按照企业的交付要求来执行。也许买方有个人签字认可收货，运输方拿此收据来证明完成运输合同，你认不认呢？所以，运输合同要明确收据须有买方盖章的要求。

第二节
控制权的内容

合同法律风险在不同阶段的表现不同，这个是由风险的内容所决定的，风险内容是控制权内容的基础。

一、风险设定

风险设定似乎是一个奇怪的说法，但是当我们理解"风险偏好"的意义，那么风险设定也就不难理解了。合同洽谈中,矛盾的主要方面是设定交易目标,次要方面即另一条暗线则是风险分担的问题。对于如何分担交易中可能存在的法律风险,其实就是一个风险设定的问题。

国有资产转让的付款条件[1]、平仓线的设定等,其实都是风险设定的问题。这种情形还包括后续的补充协议、合同变更等修改、变更交易事项的行为。

二、风险预防

合同法律风险的一个重要来源是合同履行。合同履行既是行使权利也是履行义务,在这个阶段,需要采取措施保证恰当地履行义务、适当地行使权利;另外一个很重要的事情就是防范陷阱,这个问题在第十章会有进一步的说明。

三、风险监测

企业在自己一方履行合同义务之前,需要对交易对手的履约情况和履约能力进行检查,检查是否存在应该履行的业务而未履行的情况,是否有后续违约的可能,

---

[1] 《企业国有资产交易监督管理办法》第二十八条规定,交易价款原则上应当自合同生效之日起5个工作日内一次付清。金额较大、一次付清确有困难的,可以采取分期付款方式。采用分期付款方式的,首期付款不得低于总价款的30%,并在合同生效之日起5个工作日内支付;其余款项应当提供转让方认可的合法有效担保,并按同期银行贷款利率支付延期付款期间的利息,付款期限不得超过1年。

再据此决定己方义务是否履行，如何履行。

而当对方出现风险的时候，也可以提前主张权利。

偏离，特别是违约，是合同法律风险的常见行为，也是守约一方无法阻止的行为。尽管在合同中可以约定惩罚性的违约条款，具有一定威慑作用，适当降低违约的可能性，但并不能完全阻止违约。

交易对手违约的风险是一个动态的可能性，需要进行监测。监测的结果并不能完全阻止违约的发生，但其重要的意义是可以采取措施，防止或者减少损失。

行为能力的持续性决定了风险监测是一个覆盖合同全过程的持续安排。

四、风险识别

风险监测是对于交易对手风险因素的收集，但是否构成风险，需要结合各方面的情况和法律规定进行判断，这个判断即风险识别。

要指出的是，风险识别不仅涉及非法律的各种因素，也涉及法律因素，对于重大事项的风险识别，建议及时反馈到法律部门，共同会诊。

五、风险救济

一旦法律风险出现，则面临着如何救济的问题。根据不同的情况，选择不同的救济方式。对于很多企业来说，救济方式的选择是自身损失与市场维护的平衡，考虑的因素包括对方的资信情况、未来合作前景、自身的情况等。

这些救济措施，在形式上表现为中止合同、暂停义务履行、及时行使合同权利或者其他非合同范围的措施。

第三节
控制措施的权力来源

控制措施的权力来源，可以分为如下类型。

1. 约定的控制措施

交易安排不仅要约定如何达到目标，对于如何处理偏离也会进行约定。中国虽然有句谚语"丑话说在前头"，但真正在合同谈判中对于控制权的约定却往往被淡化了，或者不好意思提出。大家觉得在如何做好事情的前提下讨价还价是正常的，但是谈偏离校正特别是违约责任却是大煞风景的事情。就像一桌人坐下来喝酒，其中一个人说："如果我喝死了，你们每个人要赔偿10万元"。这样就使得偏离校正的安排变得很少，或者流于形式，例如只是简单约定"如一方违约要承担违约责任"，却没有实际的细则。

约定的控制措施更贴近交易双方的具体情况，更容易解决个性化需求。尽管有以上文化传统的影响，但是约定的校正措施依然是有的，并且会越来越受到重视。

可以通俗地理解，合同上的控制权安排都是约定的控制措施，正向路径下的付款条件与交货条件、违约处理、附条件的行为等均属于控制权的范畴。

有趣的是，提起仲裁的权利也是约定的控制措施。

2. 法定的控制措施

"有约定从约定，没有约定从法定"，同样适用于控制权。

如果基于各种原因，合同约定不够全面，此时就会适用法定的控制措施。不能因为没有约定合同解除条款，就对对方迟迟不予履约的情形束手无策，同样可以依据法律规定行使解除权。

大家比较容易理解的控制权往往有一定的对抗性质或者惩罚性质，例如合同撤销权、赔偿损失、解除合同、不安抗辩权、提起诉讼等。

需要向大家指出以下两点：

◆ 控制权的措施要更宽泛一点，凡是促进合同进行、控制风险的方式都是控制权的内容，如合同没有约定具体付款日期，根据《民法典》第五百一十一条第四项之规定，卖方可以随时主张款项。

◆ 此类权利不包括违约金，虽然违约金是一个重要的控制权内容，但必须是在有具体约定后才会发生。有些合同会很草率地约定，如一方违约，应承担违约金，这个约定没有意义。

3. 自主的控制措施

就控制权而言，"有约定从约定，没有约定从法定"并不能概括控制权的全部，除此之外，还有企业考虑到各方面因素而自主采取的措施。我们看以下情形：

在合同文本中可能存在对于一方不利的情况，或者履行合同时导致一方权利的丧失或产生瑕疵，另一方为补救而采取措施，对于这一类措施如何回应的问题。

以大家最容易理解的诉讼时效丧失为例，债权人甲公司要求与欠款人乙公司达成一个还款计划，但其诉讼时效已经丧失。那么乙公司签还是不签？此种形势下采取的控制措施既不基于法律规定，也不基于约定，而是基于公司自主的权利。

法律风险不仅有对方引起的，也有自身引起的。这一部分主要包括由于履行义务不符合合同约定，从而只能由其自身承担法律责任；怠于行使权利或者行使权利不符合要求，从而使得自身丧失权利。

此类法律风险是通过企业自身的管理制度来实现的，属于常态化、相对固定的控制措施。

第四节
控制权的类型

搞清楚具体的控制措施针对什么情况,能达到什么效果,我们才能有的放矢、灵活运用这些控制措施。

一、以设定风险边界为目的的控制权

这个主要体现在正向路径下的控制权,其核心是价值控制。

有些合同预付款很高,如果支付了预付款,对方忽然失去了履约能力,例如被别人查封了、破产了,那么对买方而言岂不是就遇到了巨大的法律风险?

而同样的道理,作为收取预付款的一方,收取的预付款越多,当对方违约时,损失弥补则越充分。

行为的交换性的背后是价值的交换,付款阶段、比例与标的物制造、交付的环节之间的关系也正是这个逻辑的具体体现和展开。正向路径下的安排是一个价值逐步交付的过程,如果交付之后不可控,那么价值投入越多,最终面临的法律风险就越大。

因此正向路径下的控制权旨在解决将风险控制在可以接受的范围内这个问题。在控制权措施上,其一是采取分散风险的方法;其二是加强增信措施,主要体现为担保;其三是价值控制,方式为所有权保留。就如融

资租赁的商业模式,都是基于《民法典》第五百七十四条提存模式下对于债务人设定的提取条件[1]这个逻辑展开的。

明白了这个逻辑,我们将会根据新情况找出新的应对方案。

二、以风险调整为目的的控制权

这种控制权主要体现在特殊偏离与校正的情况下。

这种偏离并非由一方当事人违约行为造成,而是不可抗力、当事人预料之外的因素。这些因素将会影响合同的目标或者导致交易条件的较大不公平,因而有进行调整的必要。为了减少争议,交易各方事先约定好处理方案。

基本的情形如下。

(1)有条件调整合同。市场有很多不确定性,情势变化会打破预期。所以根据具体指标变化调整合同,有助于控制交易的目标不会严重偏离。

(2)有条件的中止或者解除合同。这个与上面一点类似,并非一方违约,而是当出现妨碍交易目的实现的情况时,能够及时中止或者解除合同,以消除不

---

[1]《民法典》第五百七十四条规定,债权人可以随时领取提存物。但是,债权人对债务人负有到期债务的,在债权人未履行债务或者提供担保之前,提存部门根据债务人的要求应当拒绝其领取提存物。

确定性。

（3）不可抗力的处理方式。不可抗力是免责条款，但当不可抗力出现的时候，应该如何处理，这个问题需要根据对于不可抗力的评估，事先约定。例如不可抗力的时间跨度、严重程度等，约定中止、解除或者变更的方案。

《民法典》第五百六十二条第二款规定了双方可以约定解除合同的具体事由，这个具有很强的针对性，希望大家能引起重视，加强对于这个法定工具的运用。

三、以接受偏离结果为目的的控制措施

偏离的情形可能是已经约定于合同条款中的，例如误差率；也可能是实际中突然发生的情况。

在接受偏离的情况下，实际履行的情况就是新的交易目标，双方根据现状来调整交易对价。常见的控制措施有：

- ◆ 按质论价：减少价款或者报酬。
- ◆ 按量论价：根据减少的数量扣除相应的价款。
- ◆ 扣除隐含的价格：合同附送的服务、产品若不符合要求，此部分价格应理解为完整交易的一个部分，这个部分可以约定其市场价值，予以扣除。
- ◆ 由违约方承担相应的费用：本应由违约方承担的义务，由第三方承担，相应的费用由违约方承担。例如房屋交付后开发商的维修义务转由物业公司负责。

四、交易目标不变下的措施

在交易目标不改变的情形下，也就是要继续履行合同，可以对偏离的状况进行补正以完成交易目标。例如：逾期交货的，约定一定宽限期补齐；产品质量未达要求的，更换产品，退货，修理，重作等。补正相关瑕疵，例如：软件产品、勘察报告等存在的bug、不准确的数据、遗漏、设计合同的完善与调整等。

五、以惩罚性为目的的控制权

所谓惩罚性，是指让对方为其违约行为付出一定代价，当违约必须付出额外的代价，那么交易一方按约履行的约束力也会相应增强，从而相应降低违约的可能性。以经济为代价的惩罚性的控制权的主要表现形式是违约金和定金。

六、以合同解除为目的的控制措施

除《民法典》第五百六十三条[1]规定的五种法定情

---

[1] 第五百六十三条规定，有下列情形之一的，当事人可以解除合同：（一）因不可抗力致使不能实现合同目的；（二）在履行期限届满前，当事人一方明确表示或者以自己的行为表明不履行主要债务；（三）当事人一方迟延履行主要债务，经催告后在合理期限内仍未履行；（四）当事人一方迟延履行债务或者有其他违约行为致使不能实现合同目的；（五）法律规定的其他情形。

形，交易各方也能约定可以解除合同的其他情形。

解除合同是一个重大改变，解除难度、后续问题等都需要综合考虑。解除合同的控制权不能轻易使用，但是在一定情况下又不得不用。

合同解除权既是一个可以行使的实体权利，又是一个威慑权。因为合同的解除很可能给对方增加额外的损失，因此合同解除权是谈判的一个重要筹码。

例如煤炭买卖合同中煤炭质量不合格，如果约定了合同解除权，那么解除合同对于卖方来说，可能会产生巨大的损失。所谓"货到地头死"，那么买方在这种情况下要求调整价格则相对来说处于比较有利的地位，更容易尽快达成比较有利的交易条件。

七、合同中止权

例如长期供货过程中，若供货商一再出现问题，那么可以中止其供货资格。原理类似，在此不再展开。

八、以赔偿损失为目的的控制措施

《民法典》第五百六十六条、第五百七十九条、第五百八十八条均规定了赔偿损失的问题。在违约的情况下，无论是合同解除，还是采取补救措施，只要有损失发生，守约方均可以要求赔偿损失。

虽然赔偿损失是违约方的法定义务，通常大家还是会在合同中写上"赔偿损失"这样的表述，但往往内容比较笼统，没有实际意义，大约只是直觉与常识使然。

解决方案：在合同中最好要明确损失的计算方法。

同时特别提醒大家注意的是，赔偿损失可以突破合同相对性，例如对于清算组成员不当行为的赔偿请求权[1]。

九、以利益恢复为目的的控制权

1. 针对的情形

若公司是独立法人，对于股东而言最重要的是有限责任原则，而对于债权人来说，则是其以全部财产承担责任的能力[2]。因此任何有损于其财产权益的行为都是对于债权人或者合同相对方权益的侵犯，对此都可以采取相应的措施。很显然，这个措施的首要程序是恢复其责任能力。

引发公司财产权益受损的任何行为都可以成为控制措施实施的对象。

---

[1]《最高人民法院关于适用〈中华人民共和国公司法〉若干问题的规定（二）》第二十三条：清算组成员从事清算事务时，违反法律、行政法规或者公司章程给公司或者债权人造成损失，公司或者债权人主张其承担赔偿责任的，人民法院应依法予以支持。

[2]《公司法》第三条：公司是企业法人，有独立的法人财产，享有法人财产权。公司以其全部财产对公司的债务承担责任。

同样的原理也适用于自然人或者非法人组织。所以这种情形针对合同之外的第三方,而控制权则是针对第三方或者会针对第三方而关联着交易对手。

2. 控制措施

与此相对应,相关权利表现为:

(1)撤销权,交易对手的某种财产权利处置,使得公司财产权益受到损害,可以请求撤销。例如债务人低价处置资产。

(2)代位权,债务人不及时行使债权,使得债权人的利益无法得到实现。

(3)追加权,在执行程序中多会用到。对于公司财产权益负有义务或者并非基于正常交易或者程序取得公司财产权益的人,在一定情形下,可以追加为承担责任的人[1]。

(4)赔偿请求权,由于第三人的原因给公司或者债权人造成损失的,公司或者债权人可以请求责任人予以赔偿。例如清算组成员的赔偿责任。

(5)确认无效权,债务人处置权益的行为无效的,可以确认其无效,从而实现收回公司财产权益的目的。

此部分内容我们在执行部分的控制权中会进一步讨论,在此从略。

---

[1] 主要参考《最高人民法院关于民事执行中变更、追加当事人若干问题的规定》。

十、防范或有事项的控制权

某些事项在形式上无法判断是否符合要求,例如隐蔽工程;也有些禁止事项对其是否会发生并无法直接感知,如转租。对于此类事项必须通过检查才能发生,因此行使检查权是重要的风险防范措施。

检查权适用于隐性的对象,如质量、性能、隐蔽工程等;另外就是没有办法直接感受或者无法判断的事项,如承租人转租、贷款用途挪作他用、融资租赁物标识的张贴并置于明处等。

十一、诉讼仲裁

诉讼仲裁大家就比较熟悉了,这是控制法律风险的最为有力的手段。

十二、其他权利

控制权除了以上形态之外,还会有其他形态。我们列举此项,是因为经济生活是复杂的,也是发展的。已有的控制权在本书中可能还有遗漏,法定的控制权、约定的控制权还可能更新,特别是约定的控制权取决于当事人的意思自治,可以根据具体交易由当事人发现和创造,而自主的控制权则更加复杂多样。

第五节
控制权的应用原则

控制权是博弈的权利,控制权不是为了控制而控制,而是兼具促进交易和控制风险的双重作用。

基于我们的经验观察和对众多企业家的调研,笔者认为控制权的应用应遵循以下基本原则。

一、交易各方风险平衡

交易一般都是存在风险的,每一方都希望自己风险最小,但双方作为交易共同体,一般来说其风险是此消彼长的关系。

交易各方风险平衡作为一个原则,没有什么大道理,若你把自己的风险完全排除,或者把自己武装到牙齿,那是不会有朋友的,没有人愿意和你做交易。

二、尽可能增加针对性的约定

"有约定从约定,没有约定从法定"是纠纷的适用规则,通常法律专业人士理解为适用顺序和补漏规则。但从经营角度看,则是一个效率顺序,特别是在偏离发生的情况下更是如此。

在偏离的情形下,法定条件的普遍性与具体交易情况的特殊性是有距离的,其适用需要一个判断过程并且可能产生不同理解和结论。这个判断所导致的效率低下如果说在诉讼审理中还不太明显的话，那么在争议的协商阶段则比较明显。合同当事方各执己见不仅会影响协商效率，而且会使双方更容易走向诉讼。其后续会产生的负面影响是，当双方各自觉得有理的时候，败诉一方由于多种原因，更容易迁怒于司法不公而忽略了自我反省，从而丧失改善管理的机会。

在合同问题上，结合交易的具体情况进行明确的约定，可以减少争议发生的可能性。即便争议发生，也能提高协商的可能性，降低诉讼发生的概率，提升解决问题的友好度和效率。

三、控制措施有机组合

各项控制措施针对的情形不同，性质也有所不同，有的可以单独适用，有的则可以组合使用。

例如货物质量不合格，可以更换；同时也可约定适当的违约金处罚以加强威慑效果。

四、控制程度的递进性

有些人在合同中约定的控制措施比较单一，更有甚者直接约定解除权："如出现某种情况，则合同解除。"个例的特殊性要求未尝不可，实践中这种简单粗暴的情况往往还不少见。

从经营的角度来说，促进交易是企业经营的宗旨，但实践中的违约又是难以避免的，且回到履行合同的轨道上同样是要考虑代价的。如果一家企业一下子把违约责任拉到最大值或者解除合同，那还有什么弹性空间呢？此外，解除合同，有那么简单吗？如果直接拉到解除合同的程度，对于双方来说都会造成被动局面，有些时候不是零和游戏而是双输游戏。

控制权作为一种施压的手段，在技术上的运用是非常重要的，所有的子弹一次性打出，基本上得不到一个好的结果。在控制措施的运用上，根据严厉程度，逐步递进，保持一定的弹性至关重要。例如对于项目经理不在现场的违规行为，可以按照轻度违约金、重度违约金、更换项目经理、解除合同的方式逐步提高违约代价。

五、解除权是最终手段

对于企业正常的经营活动而言，除非是添置几套桌椅这样的小事，大多数合同都是与生产经营直接关联的，是生产经营活动持续不断运营的一个部分，具有持续性和协作性的特征，如果一个合同履行出现问题，但解除合同的条件和程序没有明确约定，那么只能适用法定条件。

如前所述，法定条件的适用与合同的具体情况总是很难直接契合，解除合同将存在很大不确定性，耗费较长的时间。如果在合同中约定有合同解除的条款，则在解除合同的问题上操作性较强，时间尺度也比较容易把握。

六、控制措施与违约事项相适应

设定控制权是为了解决具体的事项，因此要与具体事项相适应。根据该事项对于公司经营影响的大小、严重性程度再具体应用控制权。

如果该事项的时间要求紧，例如库存告急，那么对于逾期交货则需要约定较重的违约责任，还要约定及时解除的条款。否则就可以相对宽容，或者约定较轻的违约责任予以制约。

第六节
违约金解读

违约金条款是合同中最为常见也最为常用的一个条款，似乎大家都懂，但又似懂非懂，常以简单粗暴或者讨价还价的方式出现于合同谈判和文本中，因此我们在本节专门讨论违约金设定的问题。

一、违约形式的分类

根据违约状态在时间上是否持续，可以分为一次性违约与持续性违约。

如果一种违约行为可以补救,例如对方逾期交货,那么从违约到纠正是需要一个时间过程的,这个情形就是持续性违约。

如果违约无法补救,或者守约方并不想给违约方补救的机会,那么这种违约就是一次性违约。设计负责人要参加施工项目例会,如果该负责人没有参加,那么例会开过了也就无法再补救了,这种情形是一次性违约。

持续性违约也可以转化为一次性违约。例如买卖合同中约定有培训条款,卖方却没有按照约定培训,那么这个情况算是一次性违约还是持续性违约呢?这个就要看买方的意思了,如果买方不要求卖方必须培训,而是可以另外替代,那么它就无须违约方补救,这种情形就是一次性违约;如果买方要求卖方必须履行培训义务,那么其补救需要一个时间过程,到培训完成有一个持续的时间段,这种情形就是持续性违约。

二、违约金的分类

与违约形式相对应,违约金同样分为一次性违约金和持续性违约金。

若违约金是一次性确定的固定金额,我们称其为一次性违约金;若违约金的确定是随着时间的延长而持续增加的,我们称其为持续性违约金。

之所以要如此区分，是为了针对不同的情形，设定违约金的形式。

对于一次性违约，显然只能适用一次性违约金。对于持续性违约，则可以设定一次性违约金，不论违约时间持续多久，违约金数额都是一样的；也可以与持续时间关联，设定持续性违约金，即违约金数额与违约时间正相关。

三、违约金设定原则

如何设定违约金其实是一个很有技术含量的事情，但实践中的处理方式却比较简单，下面我们一起探讨设定违约金的原则。

1. 重要性原则

违约金与违约事项密切相关。如果该事项对公司很重要，那么对应的违约金约定就应该从重从严；如果不那么重要，则可以相对从轻从宽。

什么是重要事项？

我们认为重要事项是对于企业的生产经营活动、企业利益有比较重大影响的事项。让我们通过一些具体情形来加深理解。

例如同样是采购，如果采购的是办公用品，那么质量相对就没有那么重要；但为了重大合同而采购的原材料，对其质量水平的要求就非常高。

再说到时间的重要性,如果企业原材料库存严重不足则可能影响正常的生产运行,那么对方的交货时间就非常重要。如果企业对于周转要求很高,对库存周期的控制非常严格,那么采购原材料的合同对于供货日期的要求就比较高。

再说培训,如果产品交付,例如高端设备、智力成果、软件等,只有培训后才会使用,或者才能最快进入良好的掌控和使用状态,那么培训就很重要;而且违约事项如果替代难度高,那么考虑到寻找替代资源的难度,则应该对违约责任有比较严格的要求。

还有就是相应的事件对于交易事项的重要程度,例如对于施工工程的项目经理与辅助人员参加会议的要求等,对项目经理应从严,其他人员可以相对宽松一些。

另外就是违约对于机会成本的影响,例如房屋买卖的首付款,如果是房屋置换,你已经预定了房屋,需要卖出持有房产,需要这个房款来支付下一个买房款项,如果不能及时支付,将产生巨额赔偿,那么及时付款就非常重要。

当然重要性可能是单一的,也可能是多元的。例如一个房地产开发商要参加一个房地产项目展销会,其地产项目的模型是吸引潜在购买者的重要的工具,那么其交付时间和模型质量就都是非常重要的。

2. 递增性原则

这个原则比较容易理解，违约时间越长、次数越多，那么违约责任就越大。

根据违约的持续时间或者违约次数（一般是同质违约的次数），而逐步加重违约金的方法就是依据违约金的递增性原则。这个递增性是与违约情节相联系的，既合理又有效。

这种递增性在合同实践中如何运用呢？我们举一个施工合同的例子加以说明。

在施工合同中，"要求项目经理在现场"这一条款很重要。为此发包方会约定：项目经理不在现场三日内，每日违约金为5 000元；超过三日的，违约金调整为每日10 000元；之后可能再以10日为限，继续提高违约金的数额；超过一定期限例如15天，发包方有权解除合同。

与持续性违约责任具有一定相似性的，就是同样的行为或者不一样的行为多次发生违约，随着次数的增加也可以加重违约金处罚。

类似情况，如长期供货合同中，根据订单多次发货，但供货方总是出现同样的质量问题，随着违约次数累加而对单次违约加重责任；一些工程施工、设计合同中常见的例会制度，因为工程建设的复杂性，特别是设计交底之类会议的重要性，相关人员包括特定人员例如项目经理、主设计师等出席会议十分必要，对于缺席会议的情况就可以适用递增原则处理。

3. 选择一次性还是持续性违约金之原则

那么违约责任是选择一次性违约责任还是持续性违约责任呢？

这个主要是在持续性违约情况下，两者如何选择的问题，要具体问题具体分析。

（1）一般来说一次性违约责任虽比较重，但它是一次性的，而持续性的违约责任与一次性的违约责任相比，相对比较缓和，开始时较轻，时间越长则逐步加重，累积到一定程度后可能更严重，总额也更高。

从预防违约的效果来说，一次性违约金具有比较强的威慑力，因为代价较大，实行方不敢轻易违约。例如一个电器销售商售出空调后进行安装，在同一日有五家需要安装，因为安装人员有人突然请假，只能安装三家，剩下两家只能在第二天安装，那肯定就要去翻一下合同文本：如果逾期安装一次性违约的违约责任为500元；而持续违约金是每逾期一日100元，那毫无疑问，对于一次性违约金的情形肯定要尽量避免。

（2）各有利弊。当违约出现之后，约定一次性违约金的话，因为承担的责任不会继续加重，那么结束持续状态的约束力就弱化了；相比较而言，持续性违约金的设计则具有比较强的约束力。

（3）结合解除合同条款内容，综合考虑。惩罚违约设置措施的根本目的是预防和纠正偏离，促进交易。但交易一方也会考虑一旦违约是否需要解除合同的问题。如果可替代性很强，也很容易，公司可以随时解除合同，那么自然可以约定"一次性违约金＋解除合同"的综合措施。

但是如果相反，公司解除合同带来的负面影响更大，那么对于违约持续状态的容忍程度会更高，则约定持续性违约责任比较合适。

4. 设定违约金最高限的问题

违约金具有惩罚性质，借用刑法上的一个概念叫作"罚当其罪"。为了防止违约责任过高，一些合同会约定违约金的最高限额或者比例。对此我们需要注意两点。

（1）达到最高额的情形，要与解除合同的条件接近。一般来说，当损失比较小，而违约金比较大的情况下，最高额违约金的约定对于预防违约效果是比较好的，但同时面对最高额情形出现后，后续约束力不足的情况，只有解除合同才是比较有效的手段，因此达到最高额的条件与解除合同的条件要接近。同时，在合同内容里，与之对应的要有合同解除权的约定与之配套。

（2）与损失相联系。如果违约情形造成的损失会高于违约金，那么违约金的最高限额是没有实际意义的，应该以损失为标准。这个时候起作用的不是违约金,而是赔偿损失这个因素。

在法律上允许违约金高于损失[1],但如果过分高于损失,比如一般超过损失的30%,若对方要求调整,法院会酌情下调。

基于这个情况,违约金应适当高于损失。

---

[1]《民法典》第五百八十五条第二款规定,约定的违约金低于造成的损失的,人民法院或者仲裁机构可以根据当事人的请求予以增加;约定的违约金过分高于造成的损失的,人民法院或者仲裁机构可以根据当事人的请求予以适当减少。

第八章

文本的形成

我们经常听到一些人很愤怒地责备对手"玩弄文字游戏",但如果你仔细分析,大概在别人玩弄文字游戏的时候,被责备者往往处于强势或者其他有利的地位。我们任何时候都不能忘记文本能力也是博弈能力的构成部分。平常我们更关注研发、市场、供应链、企业外部环境等诸多企业能力,但对于合同文本表达的重视程度却不够,总以为合同文本是记录、整理所用,而忽视了表达产生差异的深层原因。企业只有认识到文字表达能力也是博弈能力,是企业的软实力的一部分,才能真正将其变为企业运营的一个重要部分,进行有效地管理。

愤怒不能解决问题,在文本的形成阶段可能会发生哪些问题?又该如何解决?我们在本章一起寻找答案。

第一节
文本能力属于软实力

《民法典》第一百三十五条规定，合同的形式有书面形式、口头形式和其他形式。企业经营所涉及的形式几乎都是书面形式。

文本是谈判结果的书面记录，从理论上来说，文本表达的意思应该与双方真实意思一致。这就像画像与本人的关系，画像应该能够反映真实的本人形象，但是由于画像师的原因，可能会产生偏差。文本与交易双方的真实意思，也同样存在文本表达偏差的问题。

文本具有承前启后的重要作用：一方面是合同双方交易的洽谈结果的载体；另一方面是确定双方交易之权利义务的根据。不管交易双方如何洽谈，只有书面文本才是履行合同与解决争议的依据。既然如此，很自然就可以得到一个结论：谈得好不如写得好！从这个意义上来说，文本能力属于一个企业的软实力！

现在软实力这个词已经为大家所充分认识，国家有国家的软实力，单位有单位的软实力，甚至个人也有软实力，例如情商、智商、知识和经验水平。

当然企业也有自己的软实力，其中文本的形成和表达的能力是软实力的一个重要方面。

也许你的企业处于卖方市场，产品很抢手，但所形成的文本条款内容未必对你有利；有些企业虽然比较弱势，但最终形成的文本在某些条款上却获得了比较有利的结果；有些合同则存在这样那样的表达上的问题，给合同的履行带来了困难。

从合同文本形成的过程来看，参与的人员有谈判人员、起草和审查合同文本的人员。强势的一方虽然气场十足、嗓门大，但如果相关人员在文字表达、经验、态度等方面表现得有瑕疵也可能会导致不利的结果，那么弱势的一方则有可能通过文本表达来取得对于自己有利的局面。

第二节
解决合同内容的完整性的方法

合同的履行是依据合同文本的约定展开的，合同内容的完整是交易顺利进行的基本前提。合同的内容就如同玩具汽车的组件，组件不完整，那么搭建的汽车就像是少了转向灯、轮子，甚至少了底盘……根本就组装不起来。同样，若合同内容不完整，出现了遗漏和断点，就可能会产生交易无法进行下去的结果，或者需要重新面对和处理新的问题，就会提高出现纠纷的可能性与交易成本。

出现这类问题，企业往往会归咎于员工的经验和能力。然而，经验丰富的人才毕竟是稀缺资源，靠这样少数的人去解决普遍的问题是完全不可行的。

路径法以行为分析为基础,其中的行为梳理方法为解决这个问题提供了工具。路径方法我们在第一章已经略有论述,现在将详细展开并说明其运用方式。

一、正向路径

在关于合同行为的分析中,我们发现履行合同的过程就是合同行为根据时间顺序逐次呈现的过程,将从第一个执行的合同行为到最后一个行为在内的所有行为沿着时间轴排列连接起来,它就是从合同起点走到合同终点的一条路径。这条路径指向合同的完成,我们称其为正向路径。

缺少任何一个行为,这个交易恐怕都难以进行。例如没有交货行为,后面的验收、付款等行为就不可能发生,合同就无法完成。

这个方法在发现合同内容、指导合同起草、检验合同内容上具有直观的观察效果,能够发挥积极作用,我们称之为路径法。作为一个新方法,路径法真有芝麻开门的神奇效果吗?让我们在交易场景下领会路径法。

电视剧《乡村爱情》中有个角色叫刘能,如果让他写一个完整的合同文本,恐怕很难。但刘能是否可以完成一个合同的内容呢?

我们设想刘能儿子要结婚,他到谢大脚的店里买东西。

刘能笑眯眯来到谢大脚的店里,"大脚,大脚,买、买东西"。

谢大脚:听说你发了财啦,买啥呀?刚到的中华烟,来两包?

刘能:中、中华烟不要,儿子要结婚了,我要和你做个大生意。

接着刘能会告诉谢大脚他要的一堆东西:100元一条的利群香烟20条,瓜子10斤,喜糖20斤,80元一箱的老村长白酒20箱。总计款项4 000元。刘能乐呵呵地告诉谢大脚,要娶儿媳妇,这些东西后天就要用。

谢大脚:那么多货啊?我哪有那么多钱给你垫,先付3 500元给我。最后双方谈定,先付500元定金,剩下的款项等酒席结束后两天用礼金付清。

刘能:我家后院专门有个问事人操办宴席,这些货后天早上8点送到,我没工夫收货,把货交给谢广坤。不能少,也不能有假货啊,谢广坤要验货的。

如果让刘能写一个合同给谢大脚签署,恐怕他得找个人去请教合同法的内容或者自己去看合同法的规定,没准就被合同文本整蒙了。而那个谢大脚平时性格大大咧咧,如果真搞这么个合同文本,恐怕她也很难接受。但实际上呢?刘能、谢大脚们安排得井井有条。且看他们是如何进行这个交易的。

首先是确定了要做什么事情,谢大脚问要不要买中华烟,这个生活小场景是不是很熟悉?几乎三岁儿童都知道,如果上升到合同的概念上是什么呢?叫作"要约"。

他们要做的就是烟酒、瓜子、喜糖之类的买卖。这个事情确定了之后,其次就要安排好如何实现这个买卖。我们来看看刘能、谢大脚是如何进行安排的。

第一步,确定买哪些东西;第二步,刘能付 500 元定金;第三步,谢大脚后天送货,时间是早上八点,地点在刘能家后院那个操办宴席的指挥部;第四步,收货,由谢广坤收货;第五步,验货;第六步,婚宴结束后两天结清余款,付掉 3 500 元。通过这六个行为步骤,刘能和谢大脚的这个买卖就完成了。

我们看这些行为,如图 8-1。每一个做交易的人都知道做交易需要有哪些行为,把这些行为列出来,再去规划和起草合同内容,就变得很直观。

确定货物 → 预付 → 送货 → 交货 → 验收 → 结清

图 8-1 行为流程图 1

合同文本往往需要把不同的行为按照不同的逻辑分别排列在合同条款的不同位置,而实践中我们也经常发现不少合同的条款排列没有什么规律,有些条款甚至是想到哪里写到哪里,那就更乱了。这样的结果往往会导致交易行为的缺失。路径法让我们从抽象、分布分散的合同条款中跳出来。

若无规律地安排合同条款，那么既要安排交易，又要防范违约，很容易出现失误。所以我们要分步走。分步走这个办法很重要，不同性质的事情分开做，那么事情就会变得比较清晰。

第一步，明确正向路径。我们把完成交易所需要的行为按照路径方法，沿着时间轴线书面列出，在这个基础上形成合同，就可以最大程度保证合同内容的完整性。路径法之所以能对合同起草和审查发生作用，就在于其直观性和顺序性，沿着时间这个轴线进行排列，标准单一。行为罗列—形成合同，这是合同起草的有效方法。

审查合同则是面对一个已经形成的书面合同，我们反其道而行，将合同文本还原为行为路径。然后将这个路径与自己所熟悉的交易安排，按照时间顺序比对，看看是否漏掉了什么安排。

例如刘能面对这么大的买卖，非常重视，请人帮忙起草了一份合同。结果刘能一看，又是定义、又是违约，最后还弄出一个管辖，合同份数啥的，这个合同看得他头晕眼花，理不出头绪。

所以他干脆把合同上写的这些行为罗列，如图8-2。

图8-2 行为流程图2

看到这里，刘能肯定就不干了，为啥呢？你想啊，这么大的生意，流程中却没有"验货"这一块，万一谢大脚送的货少了呢，万一假了呢？所以这个货是一定要验收的，合同把"验货"这个内容漏掉了。

谢大脚也是一样，合同那么多条款，到底写了啥、没写啥也不知道啊。好，要不先看看合同内容都让做啥吧！谢大脚在小纸片上简单记录一下，如图8-3。

图8-3 行为流程图3

那谢大脚也肯定不干了。你怀疑我送假货倒是可以理解，但没有定金不行啊。万一这些货你不要了，这个小村子我那么多比较贵的东西卖给谁去啊？如果便宜卖了，那差价怎么办呢？

我们看，这些行为不是简单罗列，而是按照行为之间的逻辑关系进行排列，这个方法把脑中的抽象想象变成了肉眼可见的直观的排列事项，其作用就明显不一样了。

二、反向路径

上面我们说了分步走，第二步就是找出偏离并制定应对措施。为了表达的方便，我们将偏离引发的行为称为反向路径，这个部分包括偏离的情形及处理方式。

不少人在起草合同或者审查合同的时候，总是绞尽脑汁去考虑违约责任有哪些？司法实践告诉我们，想来想去，还是会有不少问题没有想到！有了正向路径，这个问题就简单多了，可以用一个大家耳熟能详的成语来概括：按图索骥！

好吧，让我们再次请刘能和谢大脚来演绎一下。

办喜宴是大事，万一客人来了，烟酒瓜子喜糖都不到位，那人可就丢大了。刘能还是觉得不放心，又回头说道："大脚啊，后天早上8点一定要送到啊，千万不能晚了。晚一个小时我要扣你100块啊，还有啊，这个货都是算计好的，不能少了哪样啊，少了就双倍罚款"。

谢大脚满口答应，自然也不会忘记叮嘱余款，"那个啥，刘能，我这可是小本生意，不能赊账啊。收了礼金你就要给钱，晚一天你得多给200块"。"那是那是，记住了，你千万不能有假货啊，咱丢不起那个人"，刘能想着有假货要狠狠罚款，但是乡里乡亲，这话没有好意思讲出来。

违约责任是重要的实践问题也是复杂的理论问题，违约责任是刘能、谢大脚们完全不懂的法律知识，但是我们看他们却处理得如此完美。他们是如何处理的呢？

不论刘能还是谢大脚，都常识性地发现了一个问题，对于约定的实现交易的每个行为，都可能会出现没有行为、行为不符合约定的情况。

例如送货。刘能安排好了送货品种和时间，但他预见到了可能出问题的地方：谢大脚可能会迟一点交货，也可能少那么几件，甚至交不了货。所以他要特别强调这几个问题，还要用罚款的办法来约束谢大脚。

而谢大脚呢，更关心的是及时收回款项。万一刘能收的礼金安排不过来，或者拿去打麻将了呢？谢大脚预见到了刘能不能如期付清款项的问题，所以也给了刘能一点压力，晚一天多付200元。

我们看到刘能、谢大脚要预防的事项都是"放鸽子"一类的事项，但"鸽子"不是漫天飞舞没有规律的，而是有迹可循的。它们都是对于正向路径行为的偏离，搞清楚了正向路径，只要我们按图索骥，偏离的情形也就很清楚了。

在第一章中我们已经提出，每个行为都有具体的行为参数，哪个参数不符合，都会构成偏离。例如谢大脚的交货行为，涉及交货的时间、数量、品质，当然还有地点、品种、型号等，刘能谢大脚就是这样找出偏离的情形的。

偏离的点在理论上是有很多的，我们可以根据具体情况加以约定。例如送货地点就是一个参数，实践中送错地方的情况也是有的，但是同住一个村，谢大脚送错地点的可能性几乎不可能，所以就不用专门约定；假货也有可能,但刘能出于情面也没有约定,这里就体现出具体交易行为的灵活性了。它给我们的启发就是,我们需要对所有的情形有个自觉全面的认知,然后根据具体情况进行取舍,不能因搞不清状况而吃了亏。

三、正向路径的树枝状结构

不管什么样的交易内容,核心的交易目的只有一个,而实现核心交易目的的基本行为构成主路径。每个基本行为有简单和复杂之分,有的行为要实现,需要一系列行为辅助,这些行为构成次路径。次路径可能比较多。

例如针对公司整合重组的投资,核心目的就是取得股权、取得股东地位。但投资人还会关心如何实现对于股东会、董事会的参与和控制,如何实现对于经营管理的参与。

例如对董事会的控制,则会有董事会成员的产生、比例、议事规则甚至一票否决权等事项,董事会的有关问题就构成了一个次路径。一般而言,次路径都是比较简单的事项,如果过于复杂,那可能就有附件或者另行签署协议了。

次路径的本质也是路径,上面分析的路径方法同样适用。

在路径的直观图上,我们只要加上次路径,就可以形成完整的路径枝。或者将次路径单独列出，就可以解决合同内容的完整性的问题。

四、具体的小工具

1. 行为梳理与清单

一个人熟悉如何做交易，是否就能写出完整的合同呢？显然这两个问题是不能画等号的。

很多人有这样的体验，出差要带哪些东西已在心里过了几遍，但是等你到了目的地，却发现还是有东西忘记带了。

我们起草合同或者审查合同也面临着一样的困境。起草合同与审查合同是两个立场，但逻辑相同，我们以起草合同来说明问题。

出差的这个常见失误怎么解决？好记性不如烂笔头，把需要的东西梳理清楚，列一个清单，收拾东西的时候，按照清单逐一落实，那么问题就基本解决了。解决合同完整性问题的思路大体相同。

业务人员对于交易，不能仅仅是"心中有数"，还需要将交易过程进行解构，把交易所需要的所有行为一一列出，并将这些行为按照相互之间的时间顺序进行排列，这个方法我们称之为行为梳理，由此形成的书面文件我们称之为清单。

清单这么有用？也许您在想是不是有些夸张了？

一点都不夸张！有兴趣的同志可以看看美国人阿图·葛文德（Atul Gawander）所著的《清单革命》，就会理解此言不虚。

以买卖 5 台成套电气设备的买卖合同为例。（1）买方要确定买什么，这个要有确定订购的行为。（2）什么时间需要拿到货，这个货物应该在哪里拿到？这个则是交付的行为。（3）所拿到的货物是否符合数量要求、是否完好？那就需要检查才能确定，这个检查则是一个验收的过程，从难易程度上来说是初步验收的行为。（4）真正确定其没有质量问题则需要进一步的质量测试，即测试行为。与此对应，还存在一个质量最终验收的行为。（5）这些产品属于比较专业的设备，并非买一个电灯泡，回到家里即可自己安装使用，因此，还存在安装问题，即安装行为；诸如此类，还会有调试、质保等行为。

而从款项角度看，可根据产品复杂程度、市场供应情况以及是否属于通用产品等，决定是不是要先交一部分款项，如要交，那么就涉及了交付定金的行为；在交货之前，为了规避风险，卖方可能还会要求于中间付款，并确认最后款项如何支付等付款方式问题。

我们会发现，完整的履行买卖合同实际上有很多行为，如果毫无规律地去写合同，难免会有遗漏。合同之所以会出现完整性的问题，就是我们被合同格式所误导，按照格式填写内容，结果呈现出与行为因果关系关联不大的排列方式，让行为看起来分布很乱，好像无规律可循。但是我们通过行为梳理，就可以打破这个误导，发现行为之间的逻辑关系，呈现出交易的直观状态，见图 8-4。

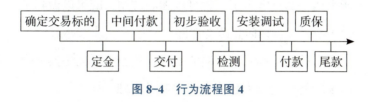

图 8-4　行为流程图 4

这样，一条清晰的合同路径便呈现在眼前。在这个基础上，再去起草合同，自然不会有遗漏。

为何要排序呢？排列让我们的观察变得直观，更容易检查我们对于行为的梳理是否全面，是否有遗漏。

例如我们梳理的行为流程如图 8-5 所示。

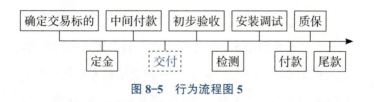

图 8-5　行为流程图 5

初步验收环节之时，验收对象应当已经存在，但按照梳理的这个路径图，我们发现并没有"交付"这一项行为。之所以造成这个结果，其原因在于并没有货物交付的环节，也就是说缺失了交付行为。

从方法上来说，通过梳理，形成清单，让你从"心中有数"过渡到书面呈现，只有把所有可能的交易行为进行梳理、罗列，反复检索，才有可能不遗漏交易的每一项内容。

梳理就像武术套路，开始的练习是必须的。待到熟能生巧，套路练多了，就可以随心应用，既可以做到牢记于心，又可以防止疏忽遗漏。

每种交易都有其普遍的要求，这也是《民法典》合同编之所以能成为起草合同的参考基础一样。但每种交易，即便是一家企业中同类的交易都可能会有特殊要求，那么将这种有特殊要求的行为加入行为清单中，就能较好地解决交易的特殊要求。例如租房子，一般条款都是通用的，但如果有小朋友上学的要求，则必须要求该房子上的学位指标没有被占用。

2. 行为集合指导合同起草与审查

合同行为的梳理，其重要的作用就是将交易所需要的行为完整地找出来，在数学上这些行为可以称为集合。从认识论来说，交易特别是创新的交易模式总是有个不断完善的过程，这个集合也会随着实践而不断完善。

那么行为集合如何指导我们起草合同呢？

交易是根据合同展开的，一个符合要求的合同应该是比较完整反映了实际交易的要求，所梳理出来的行为与合同表达的行为存在对应关系。就像汽车组件和组装好的汽车上的部件之间的关系一样，每一个都是对应起来的，不过是从包装盒里转置到组装好的汽车上而已。

基于对上述集合的理解，为我们起草或者审查合同带来了一个非常重要的方法：一一对应。

当我们起草合同的时候，将行为集合罗列清晰，然后将每个行为转化为合同条款。而在审查合同时，这个一一对应的方法更有效。我们审查的合同文本很多来自对方或者其他，例如范本、网上下载的文本等。很多文本在书写后本来就难以搞清楚有哪些内容，在这种情况下，遗漏了哪些内容就更不容易搞清楚了。但有了行为集合的方法我们就比较容易解决这个问题。

我们首先是列出行为集合，将文本上已有的内容与行为集合的内容比对标记，搞清楚有哪些遗漏，区分这个遗漏是必要的行为还是辅助的行为，要不要补充完整。

第三节
表达准确性的解决方法

准确性是合同文本表达的基本要求，否则就可能引起严重的法律后果。

有时候我们讨论案件，或者在法庭的质证阶段，经常听到当事人讲我不是这个意思，是那个意思。这个说明什么呢？说明合同文本意思表达不准确。

一、文本为王——真实的意思如何确定？

合同是对交易谈判的内容的记录，谈判中所形成的双方的真实的共识决定了合同内容。但是文字的表达有一个加工和表达能力的问题，这样就难免产生与本原的差异。

但是本原是什么？这个很难反推清楚。而相反，推定双方的真实意思的主要依据，只能是合同文本。

当你审阅了合同文本并认可的时候，这个环节本身就可以理解为对于对方意思的同意，你不同意怎么会签字认可呢？大家看看在这个时候，当初如何洽谈的已经不是那么重要了。如果合同文本最初就是你起草的，此时再对文本意思产生质疑，那么只能认为你改变了原来的意思表示，而要对文本进行否定就更没有可能了。你争辩说是笔误，法院审理又怎么可能采信呢？

文本表达不准确，除非有《民法典》规定的胁迫、欺诈等情况[1]，否则几乎没有挽回的机会。

二、不准确的产生原因与解决方法

在合同表达的准确性这个方面，一般存在几种情

---

[1]《民法典》第一百四十六条、第一百四十七条、第一百四十八条、第一百四十九条、第一百五十条、第一百五十一条。

形：第一种，表达错误，想的是 A，却表达为 B；第二种，表达歧义，即可以有两种甚至多种理解；第三种，不知所云。

如下我们分别讨论表达不准确的成因与对策。

（一）表达错误的原因与克服的小工具

产生将 A 表达为 B 的结果，由客观错误与主观错误两方面原因造成。

1. 客观错误

例如甲公司与乙方公司有大宗交易，在价格上经过谈判，取得优惠，最终定下的购买价格是 590 元/吨。然而，对方给出的合同文本却是 595 元/吨，并且因为管理疏忽的原因，导致该价格条款被通过。

这种情况我们称为客观错误，是因为所涉及错误因素是完全客观的，不可能存在其他理解。例如 595 与 590 这两个数字完全没有可能发生不同理解。

（1）产生原因。产生客观错误的情况比较复杂。

◆ 合同起草阶段的原因：合同起草者因为疏忽或者不了解情况。

◆ 来自合同模板的原因：在合同模板上的修改，应该修改的部分没有修改，导致原来合同的内容代替了本应属于所要起草的合同的内容，例如交货时间或者地点。

◆ 对方的一个小手段，如果表达为另一种情形对己方有利，那么姑且如此表达，对方提出异议，改正即可。

（2）解决对策。

◆ 建立"再确认"程序。

在合同审查流转中，除非是将价格60元写成600元这样的极端情况，否则其他审查者因为信息不对称，很难发现此类问题。在类似60与62这样的合理区间，错误很难被识别。

如果在合同中写明交货地点在"乙方广州工厂"，可实际是个错误地点，这个也许是原先合同模板上的内容没有修改出来造成的，但是没有参与到谈判细节的审查人员怎么可能发现呢？这是两个完全同质的客观因素，也难以区别。

这一类客观错误只有亲自参与者才搞得清，解铃还须系铃人，所以防范此类问题只有他们才能解决。很奇怪的是，大家在审阅合同的时候，即使是当初在场的谈判人员也往往对此类内容并不重视，而是更在意违约责任设定全不全、好不好，有没有文字游戏或者其他问题，此类简单错误反而被疏忽了。

因此，解决此类问题需要有针对性的方案：

第一，此类客观因素应由一线谈判人员进行审查。

第二，要建立"再确认"的管理程序，让相关人员对此类要素再次确认。所谓相关人员指的是确定原始信息的人员，而绝非是收到信息的人员。例如价格的决定人员，可能来自公司某个部门或者是得到授权的负责人；

再如地点的确认人员,则可能是公司的业务经办人。

◆ 构建再确认清单。

虽然制度上也会要求员工认真审查,而员工本身也确实认真执行了,但有时候认真也可能出现问题。这里我们给出的"再次确认"不是一个简单的方法问题,而是一个管理工具,针对哪些客观要素需要当事人确认,需要构建一个清单。

相关人员在合同起草、审查过程中,根据清单上的事项,对于自己负责的那部分要素采取再次确认的方式进行确认。

2. 主观错误

我们看这样一个股权投资的案例。一个企业通过收购一个光伏电站原股东的大部分股权取得了控制权。合同约定,因为涉及"发电量"与"上网国补"的不确定性,该企业要求原股东保证以上两个指标的收益,以保证其投资回报率。但在合同表达中,却表述成"保证甲方对于标的公司的投资利润",当电量和上网国补没有满足预期的时候,该企业要求原股东对其进行补偿。这个官司就很难打了,原股东是应该保证你的利润,利润是公司分红的结果,而发电量和国补是标的公司的事情,怎么会直接补偿给你呢?两个不同性质的事情,其原因就是投资人把利润和合同目标差额补贴混为一谈了。可想而知,诉讼结果很不理想。

这个错误的原因是对于法律性质的理解出现偏差所导致的,因此我们称为主观错误。

(1)产生原因。

这种错误有些是对于有关问题的理解错误所致,还有些并非基于理解原因,而是更新认识滞后所致,例如引用的质量标准等可能已经修订。具体情况还需要企业在实践中具体把握。

(2)解决对策。

避免此类问题,其方法在于搞清楚文本的真实意思,以此为目的,需要交易的谈判人员与法律人员进行适当的沟通,搞清楚交易安排。

(二)表达歧义的原因与解决方案

1. 表达歧义

如果一种表达可以这样理解,也可能那样理解,那么就是表达歧义。我们在前面举过梁慧星先生说的那个例子,"还欠款 5 700 元",是偿还了 5 700 元,还是说欠款还有 5 700 元呢?

在理解上发生争议的情况在实践中有很多,例如在一起保险纠纷中,被保险人与保险公司就合同理解发生争议,河南省信阳市平桥区人民法院(2022)豫1503 民初 1503 号民事判决书就支持了被保险人的诉讼请求,并且二审得以维持。现在法律法规查询和案例查询的网站很多,大家随便查询,就会发现这个情况挺普遍。

《民法典》第一百四十二条第一款关于解决理解争议的解决原则，实际上是一种推定的原则，其实两种理解都有可能，哪种可能性更大，就需要结合词句、条款、行为目的和性质、习惯与诚信原则来确定了。

2. 解决方案

（1）提高文字运用能力。

（2）不要试图对文本进行高度概括。文字简练自然好，但如果觉得没把握，宁可烦琐一点，也务必要说清楚。甚至可以选择列举、示例等直观形象的表达方法。

（3）运用抗辩性思维方式检验歧义的可能性。具体可以参考抗辩性思维这一章的内容。

（三）不知所云的解决方案

"不知所云"指根据合同的条款不能得出一个明确的结论，对应的法律条款是《民法典》第五百一十条[1]：约定不明。解决方案和表达歧义基本是一样的。

同时我们建议可以模拟一下所约定的内容，看看是否能知道怎么做、做什么或者能否有一个确定的结论，在这个过程中，如果结合抗辩性思维进行，那么发现问题的概率就会更大。

---

[1]《民法典》第五百一十条规定，合同生效后，当事人就质量、价款或者报酬、履行地点等内容没有约定或者约定不明确的，可以协议补充；不能达成补充协议的，按照合同相关条款或者交易习惯确定。

第四节
表达确定性的解决方法

所谓确定性，就是我们根据这些文本所表达的内容就可以知道怎么做。所谓"怎么做"指内容具有绝对性，只能这样，而不能那样。如果张三看了这个文字表达觉得应该这么做，李四则理解为可以那么做，或者是张三和李四都搞不清楚怎么做，那就不具有确定性。

合同确定性方面的瑕疵很多，其形成原因和克服方法，讨论如下。

一、范围过大，没有到最小单元

描述范围太大，无法精准到唯一。就像你说家在上海，是没有人能找到你在哪里的。

质量问题是合同的必备内容之一，一个合同文本中双方约定交付的产品应当符合质量要求，但就质量标准的制定层级而言，有国家的、行业的、地方的、企业的，等等，到底依据哪一个呢？所以这个条款是有问题的。

问题就出在范围太大。在逻辑学上有种概念与属概念，通俗地说就是大的概念与小的概念，大的概念包含多个小的概念，有很多选择；小的概念同样也是如此，直到这个概念中再也不能包含其他，到了最小单元，它才算确定了，变成了唯一的东西。

表述之所以会出现错误，往往是表达中选择了大概念，说白了就是过于粗放，进行了粗线条的表达。就好比去相亲，你只是说到哪个村去相亲是不够的，你得具体到村长家二姑娘才行。从相亲对象这个概念来看，首先是张庄村的姑娘，其次是张庄村村长家的姑娘，再次是张庄村村长家的二姑娘。你看，范围一个个缩小，最后就可以确定是哪位了。

我们的企业经营活动也是如此。例如我们只说买一辆宝马汽车，别人没有办法和你成交。得明确是国产还是进口？好，我们选择了国产，那么其中有轿车、SUV……在业务员的导购下，你终于决定要购买 X5，那么还是不够，是豪华型还是至尊型呢？好，至尊型吧。这些都选好了，是不是就可以了呢？4S 店如果交付给你一辆太空灰，可能你的太太就不满意了，因为她喜欢大红色。所以你还要请示太太选择什么颜色，至此，范围才到了最小单元，无法再细分了。

什么是确定性呢？直观地说就是把宝马所有不同类型的车子都选一辆放在广场上，你只能选到一辆符合要求的。

当然我们说的最小单元取决于某种要求，也就是说在决定车辆时候，如果你不考虑颜色，那么选择到宝马 X5 排量 3.5 的豪华车型这一层级就够了；如果你还要求颜色，那就是太空灰宝马 X5，排量 3.5 的豪华型款。

二、继续操作的步骤不到位

除了有形的事项,无形的事项也一样,例如对于损失的确定在合同实践与司法实践中争议很多。所以仅仅约定赔偿损失是不够的,需要一个对损失的计算方法,并且这个计算方法要有通用性,不能一个人一个算法,一个人一个结果。

控制权,作为投资人该如何确保控制权?有些投资协议只是照抄一些范本,实际上解决不了问题。比如股东会、董事会、经理职权如何划分?董事会席位如何分配,议事规则如何配套?与此类似的还有经理的产生方式和权限等。

实际操作中会遇到的事项很多,这里只是抛砖引玉,供大家在合同实践中有意识地关注这些问题,举一反三,多体会多琢磨,熟能生巧。

三、相对性变成不确定性

相对性问题的主要表现是时间。因此,我们特别讨论一下期限的问题。

时间在合同文本中是一个必不可少的因素。虽然本身没有实体意义,但却关乎很多实体权利义务的实现。例如付款时间、交货时间、解除合同的期限等。

期限可以分为两种,一种是在 2023 年 9 月 6 日前发货，这个期限有一个确定因素，即截止时间是绝对的。

还有一种情形，例如安装调试后 3 日内付款，这种约定时间的表达形式是：参照系的行为即 T 事件，发生的时间为 T，后面行为的时间要求为 x 天，表述为："第 T+x 天"。

这种参照系没有任何绝对性因素，是不确定的。类似这样的参照系属于正常事项，因为约定绝对日期既不近人情又不具有可操作性。那么如何处理参照系的不确定性就变成了一个十分关键的问题。我们要讨论的是这一种情况。

考察这个问题时，交易双方所处的权利义务状态是重要的因素。我们可以把"是否发生对价"作为首要标准。其次要考虑的是造成 T 事件不能发生的主体因素。根据 T 事件发生后所需要处理的权利义务状态，以及 T 事件是否可能发生，可以分成视为发生的情况和不能视为发生的情况。

1. *视为发生的情况*

如果该 T 事件影响一方已经付出的对价的实现，那么则应视为 T 事件发生。如甲方因技改项目向乙方采购一批产品，除前期的 50% 已付费用，根据合同约定，调试验收通过后，支付 40% 货款，余款 10% 作为质保金，在调试通过后一年内，若无问题，再无息支付。那么即使甲方项目下马了或者由于其他原因故意不安排安装调试也应视为T事件发生。如果T事件不发生，企业的权利就没有办法实现，因此为防止T事件不发生的情况，必须设定一个时间段，经过这个时间段，即便T事件没有发生，也应视为发生，使之符合付款条件。

当然这个T事件也可能是第三方的行为。例如所谓的项目建设背靠背合同，总包方购入设备用于履行与业主方的合同，有些付款条件约定当业主方付款后，总包方再付款给卖方；或者与验收、试车、运行等行为挂钩，只是运营主体由业主变成了其他买方而已，这个情况下的处理方式与上面所讲的方式一致。

在这种情况下，可以将不确定性转化为确定性，即约定绝对日期，例如交货后60日内，买方未安排安装调试的也视为安装调试完成。

此类情况比较常见，如工程竣工结算，施工方提交了结算资料但业主迟迟不进行结算；广告设计的后续审查等，都需要我们在合同实践中依据这个方法论去识别、熟练掌握、提升处理技巧。

2. 不能视为发生的情况

T事件不发生，可能会影响到合同履行；或者不涉及一方对已经付出对价的收回，那么就不能视为发生。其处理的准则是约定一个日期，在该日期之前若不发生，则视为T事件不发生。一般的处理方式是约定该事件不发生的情况下，合同应该如何处理，比如解除、中止或者调整。

影响合同履行的事项与合同外第三方的审核通过与否有很大关系。例如勘验合同的勘察结果、广告的内容、政府的审批事项等。

我们来看一个例子，甲方向乙方购买设备，合同标的比较大，所以需要融资，但该融资时间不确定，而甲方又需要及时固定这笔交易，所以先支付了一点预付款。合同约定，甲方第二融资款到位后支付剩余款项，在付款后 60 日内乙方发货。T 行为是第二笔融资的到位。如果不影响乙方的运营，乙方当然可以坐等。但对于甲方则不然，如果迟迟不能融资到位，那么岂不是该笔预付款就闲置在乙方了？所以可以约定一个合理的时间，逾期则甲方有权解除合同。

四、行为要素缺失

每个行为要特定化，其特定的组成要素就要完备。以付款为例，付款的时间、数额、批次、货币种类、账号等，这些构成了付款必不可少的要素，是构成付款行为的组成部分。如果你只是约定款项应当分三次付清，那么每次付多少，何时付？则会发生争议。

广义来说，行为要素的缺失，也属于合同内容不完整的范畴，但是与路径视角下的合同主要行为不完整有着性质不同，行为要素的缺失主要表现在对某一行为的规定上。例如甲方向乙方采购货物，约定分三批交付，但是并没有约定每次交付多少。

这个问题的解决我们推荐WH方法。行为要素我们可以简单总结为4W+H，也就是何时（When）、何地（Where）、谁做（Who）、做什么（What）、怎么做（How）。这个需要结合具体行为进行认定，例如"谁"并不是简单的合同甲乙双方，比如，有的合同只有交易主体，缺乏具体联系人等；有些具有特定身份的人，例如项目经理、设计人员，可能会有资质、业绩、资历等要求，甚至会指定到具体人员等。例如，我们的合同写明了项目经理的名字，但是考虑到更换的可能性，合同里可能会约定："如因为客观原因导致现项目经理不能履行职务的，乙方更换的项目经理其资质、资历不应低于现项目经理。"这个接替人员并不是公司随便一个"谁"，而是有特定要求的那个"谁"。

有的合同约定有一项培训行为，但是对何时、何地，由谁来培训等却没有明确，也没有"另行约定"的内容，时间、地点等要素是缺失的。

对于此类情况，我们建议合同起草和审查人员除了根据我们的4W+H方法，同时要进行虚拟交易，模拟行为过程，把完成这个行为涉及的因素与文本的表达进行比对和印证，通过这些方法，可以大大降低不确定性。

在这个模拟交易的过程中，充分运用抗辩性思维的方法，实践证明效果是很好的，我们建议大家不妨一试。

五、模糊性

生活中具有模糊性的事情很多，模糊的表达也很多，倘若是基于文化习俗与生活思维的长期历史默契，这样的做法可能不会产生什么误会。但是合同文本和生活处理毕竟有很大区别，企业往往把生活中处理问题的模糊性的思维方式不自觉地带入合同文本中，导致合同文本中也出现了模糊性。而合同的权利义务的特点是其具有的边界性和精确性，因此，模糊性可以说是合同文本表达中的一种瑕疵。

1. 生活思维带入与对策

模糊性的一大成因是生活中的模糊性思维模式被带入合同中。一旦合同内容与现实生活有相容之处，常识性的思维和做法被带入合同中也是很自然的。

李主任安排厨房师傅，说道："张师傅，明天上午兄弟单位来我们这里参观考察，多弄几个菜，拿出水平，搞得好吃点。"几个菜算多，什么味道是好吃呢？这些都没有办法精确定义，却又确实客观存在，但经验丰富的大厨总能很好地拿捏分寸。

模糊性体现在两方面：一种是事务本身具有模糊性，正如刚才提到的菜的多少，味道好坏；另一种则是大家不太愿意去精确表述，例如张总安排部下送个文件过来，他会说："小李，那个上级通知你马上送到我这里来。""马上"是什么概念呢？十分钟还是半小时，当然他也可以准确，要求 10 分钟内送来。

将生活语言的习惯代入合同条文中，不乏"及时""合理时间"、之类，这些都是可以转化的，无非根据情况约定一个期限，只要不是难以实现、过于苛刻，都是可以为司法所认可的。其他还有类似"保证质量"等类型的模糊性表达，都可以根据具体情况进行量化。

2. 自身具有模糊性事项与解决对策

有些事项自身具有模糊性，例如情势变迁。这些模糊性看起来是比较难以量化，但只是难度大，并非不能量化。

我们需要面对的一个重要事实是：不管双方觉得这个问题多么模糊，但是当双方对簿公堂，法院（仲裁机构）总是要打破这个模糊状态，给出一个裁决的，不会因为模糊就回避裁决。法院实际上在做一件事情：那就是打破模糊性，给出一个量变到质变的界限，也就是把模糊性转化为量化的可以界定的东西。

既然法院可以，那么从事一线经营活动的企业为何不可以呢？诉讼仲裁中确定量变到质变的界限，是在争议中考虑具体案情和整个社会的基本因素，而合同洽谈则是双方根据具体情况友好协商，其难度要小得多。

之所以出现模糊性的情况，除了有畏难情绪，更多的可能是一种疏忽,存在着对于模糊性及其处理认识不到位的情况。

对于量变到质变的渐进,我们要善于发现影响变化的要素和参数,通过对这些变化因素的边界进行界定,划定质变的界限,从而打破模糊性。

第五节
矛盾的产生原因与对策

矛盾无处不在,当然也会出现在合同文本中。

结算条款的规定正让一家电梯公司在结算中非常头大,一个条款约定"按照工程量实际结算",但在后面另一个条款又约定:"结算工程量控制在投标预算和已审核预算范围内。"显然这个是矛盾的约定,前面是有多少算多少,后面则约定了一个上限,实际上否定了前面的条款。结果由于工程量变化太大,导致双方结算发生了争议。

合同主办人员被狠狠批评了一顿后忍无可忍,回怼老板:这个合同你不也看了吗?那个场景请您自行脑补。

大家觉得文本只要看一看,改一改就好了,凭记忆就够了,但实际上是不够的。我们相信相关人员是很认真的。然而，认真固然重要，但方法更重要！下面我们就分析一下矛盾产生的原因，发现一些小技巧，帮助您解决条款矛盾的问题。

一、矛盾产生的原因

文本的形成不外乎起草和审查两个阶段，矛盾也是在这两个阶段形成的。

1. 合同起草阶段

在文本起草阶段，合同文本的初始来源可能有两个方面：一个是公司自行起草的；另一个是来自交易相对方的。而对方的合同来源也无非是这两种。起草合同，很少有人从一张空白纸上从头写起，大部分还是以合同范本或者借鉴历史文本为基础进行调整的。

合同的草拟者在合同起草过程中往往会凭借对交易内容的记忆来书写，在合同的不同部分，可能都会涉及同一事项，直接书写比回头去重新翻找更便利，结果就出现了内容不一样的约定。某一事项可能在之前的部分已经约定过，但因为疏忽或注销而被重新约定。

合同事项可不像做数学题目，对于同一个事项总会有一致的认识和处理。很多人也没有那么好的记忆力，记住所有曾经处理过的问题，并且记住处理的内容。记忆总是会发生偏差的。刑事案件侦查的讯问过程中，侦查员对于同一个事项会反复讯问，一旦嫌疑人的交代出现矛盾，那就很容易突破了。在这样高度戒备的情况下，一个人尚且可能就同一个问题出现不同的交代，更何况在起草合同这样相对轻松的气氛下，对于同一个问题保持一致是多么不容易。

任何一个尽责者都会想要尽可能做到全面而没有遗漏，但单纯靠记忆，难免出现失误。因此，清单方式、路径方式的运用就很重要。另外，有时突然想到的问题，必须与已有文本进行前后比对，搞清楚此类内容是否之前已有约定。

2. 合同审查阶段

合同审查分为横向审查与纵向审查两个方向。

横向审查，主要是由合同涉及的相关平行部门进行审查；纵向审查，即主要由业务部门领导、分管领导甚至主管领导进行的垂直审查，有些重大复杂合同甚至还会报送上级公司进行审查。

就同一个审查者而言，也可能出现与起草者相同的错误。此外，不同的审查者可能会就同一问题提出不同的意见，这些意见之间是矛盾的，但在采纳的过程中却因为体现在合同的不同部分而没有被发现。

二、解决矛盾的方法

起草和审查中可能出现的矛盾，可以理解为比较单纯的文本问题，依靠正确的方法，就可以被较好地解决。

1. 起草过程中的解决方案

对于文本的起草者来说,要充分应用路径方法、偏离的方法、梳理的方法、清单的方法,将交易所需要约定的事项逐一归纳列举形成清单;我们可以依据这个事项清单来起草合同。

对清单做好标注,将已经起草的事项在清单中标注,并注明合同的条款所在。如果同一事项有不同的方面,例如交付,有交付的时间、数额约定,交付逾期的违约责任,交付逾期后的解除合同的约定等,那么更须注明所对应的条款,这样才能对条款内容一目了然。

对于借用的合同模板,我们则是将合同内容与清单对照,看看有哪些重复,重复在哪些条款,还有哪些遗漏,并在这个基础上调整为一个没有矛盾的合同。对于借用的合同文本,一定要记住不是根据这个文本来起草合同,而是根据你的清单来调整合同内容。

或者将这个合同进行分解,整理出这个合同的清单,检查一下合同自身存在的矛盾,在这个基础上进行调整。

2. 审查过程中需要注意的问题

不管是横向审查还是纵向审查,相关审查的同志和主办合同的同志所投入的精力和审查的细致程度还是有区别的。审查到后面部分，对前面已审查部分的记忆变得不太准确，这样容易出现同一事项反复约定的情况。当合同内容比较多的时候，这种情况尤其明显。

解决方法很简单，就是避免单纯凭记忆来审查合同，从不少人的经验看，就算是在有 Word 文档这么便利的办公条件下，回头查找某个内容实际上也没那么简单，记忆出现失误很正常。

俗话说，好记性不如烂笔头，我们建议审查的同志可以对于提出审核意见的部分进行内容提炼，类似标题那么简单，在边上列表明示，并注明合同对应的条款，当你再有新的审查意见或者需要添加审查意见时，与你的列表对照，看看是否发生了重复或有矛盾。

通过这种办法，我们可以有效降低重复与矛盾的出现频次。

3. 回头看

回头看是一种工作方法，简单但有用。

如果你没有按照路径方法进行列表，当你在之后审查到某个事项时，发现之前已经有了关于这个事项的内容，那么请你务必立即回到之前的条款，看看是从不同的方面进行约定还是发生了矛盾，如有矛盾，就把两个条款都进行批注，便于之后统一整改。

第六节
指引性错误的解决方案

指引性错误就是指错了位置,无的放矢或者放错了地方,通俗地讲就是对不上号。指引性条款错误也是合同中文本中经常发生的错误之一。

一、什么是指引性条款?

我们来看《民法典》第六百一十六条的规定:"当事人对标的物的质量要求没有约定或者约定不明确,依据本法第五百一十条的规定仍不能确定的,适用本法第五百一十一条第一项的规定。"这个条款是处理质量标准问题的,但如何处理的具体做法却并没有在条款中具体说明,而是在另外的条款中。类似这样的就是指引性条款。

法律文本当然会经历千万次的审查校对,所指向的条款基本上不可能出错。但是合同文本就不一样了,没有那么高质量的检查,出现错误就比较常见了。例如:某一合同文本第十五条约定:违反合同第十八条第一款的情形时,乙方应承担违约金10万元。而实际上呢,这个被指向的条款约定的是争议管辖的内容,甚至这个条款可能根本就不存在。

再来看一个更有迷惑性的条款,例如合同第二十条约定：乙方合同第八条第一款约定，乙方出现逾期付款的，应承担违约金10万元。这都已经把违约具体内容"逾期付款"写清楚了，应该没问题了吧？其实也是错误的，因为第八条的实际内容与付款没关系。

二、指引错误的几种原因

在合同起草中发生错误的一大原因：疏忽。有些是合同的起草者在起草合同中适用参照条款时，在文本表达上不够细致所致；有些则是借鉴的文本本身就存在错误。

另外一个情况则来自 Word 文档的操作方式。借助于合同范本起草合同，或者在合同文本修改或者审查过程中，不少人可能会删减相关的内容，此时往往会导致原有的条款顺序发生变更，从而使原有的指引性条款顺序发生错误。

三、解决指引错误的具体措施

我们介绍一个立竿见影的方法来解决这个问题。

（1）对于合同的所有条款，逐条进行检查，将错误的序号排列纠正过来。

（2）当遇到指引性条款时，务必回头看，回溯到所指向条款，将所指向的条款内容再检查一遍，确认是否与本条约定的是同一事项；如不是，那么找到该内容指引的正确条款，将序号调整正确。

"回头看"是一个重要的工具，在条款矛盾部分我们已经提及，请务必注意运用。

（3）所指向的条款只是形式，其核心是对应的内容。如果发现该对应的内容不存在，或者该条款不存在，则之后的修改也比较简单，基本上是两种处理方式：

◆ 如该处理方式所指向的内容为合同的内容，只是条款序号错误，那么将指引性条款修改为正确的序号；

◆ 如该处理方式所指向的内容在交易中不存在，则直接删除。

第七节
别字词错误

一、别字有时候造成的后果很严重

手写方式下，我们会出现错别字，但在输入法下，几乎没有错字了，只有别字。错字，说明这个字根本不存在，不容易对合同意思产生影响。别字导致的后果有两种：一种是意思清楚，但与合同本来的意思表示是不一样的，形成了另外一种意思；另外一种情况是导致约定不明。

通常大家可能会觉得只是别字而已,小学改病句就有这个科目了,往往很难引起重视。然而,中国文字是复杂而有魅力的,一字之差就可能导致天壤之别,例如当乙方逾期付款超过三个月,甲方有权"终止合同"还是"中止合同"?一字之差,法律结果会截然不同。

所以我们特别提醒大家,在合同领域,别字有时候造成的后果非常严重。

随着技术的进步,文字的呈现方式从手写到活字排版,再到电脑输入。那么,别字问题是不是解决了呢?答案是不仅没有,还似乎更多了。

即便在报纸、正式文件被审了又审的情况下,也依然会出现此类情况,例如"报效国家"错写为"报销国家"[1],"美好"变成"没好"[2]一字之差,意义截然不同。

而合同涉及双方之间的具体权利义务安排,对于文字要求更高。特别是有些法律的专有名词,本身就有特定的意思,一个词所包含的法律意义是确定的,例如法律上有"终止"与"中止","定金"与"订金","扶养费"与"抚养费"等,而在合同所涉及的交易领域也会存在类似情况,需要企业根据具体情况收集。

---

[1] 江苏淮安教育局致歉笔误:公开文件中"报效国家"写成"报销国家",新京报,2018-2-27.
[2] "让生活更没好"?广东汕头:社区贴错的宣传海报已整改,上游新闻,2020-12-15.

二、为何会出现别字

为什么别字词似乎越来越多了？原因在于当下使用的文字拼音输入法。五笔字型输入法相对来说发生错误的几率会小，而拼音输入简单易学，是绝大多数人一般日常办公的主要输入方式。全拼模式可能导致的是同音字词的错误，而双拼法可能导致别字词的范围更大一些。就以刚才输入的"终止"来说，我打了拼音"ZZ"，出现了"主张、组织、中止、张总、终止"等好多词组，出错概率更高。

三、解决小工具

前文提到的出错的教育局公告以及社区宣传海报肯定在校对方面已经算是认真的，却依然出现此类错误。可见检查别字确实比较困难，即使你已经很认真努力地校对，可能还是会再出现别字词的情况。

处理这种问题，除了认真仔细还是认真仔细，这个是排在第一位的基本方法。但是从另一个方面来说，"认真"作为一种态度是极好的，但从方法上看，一个一个比对，毕竟是效率低的"笨法子"，也容易形成检查疲劳，显然还不够。我们觉得以下小技巧可以帮助你减少出现此类错误的概率。

1. 字词库

对于公司的基本业务形态来说，相关的法律文件主要集中于某些领域，常见别字也比较集中。在使用输入法特别是拼音输入法的情况下，别字词的出现是有一定规律的。可以把这些容易出现的别字词收集起来形成字词库，例如终止与中止，鉴证与见证等、扶养与抚养。

2. 重点检查

对于易出别字的词，通过 Word 软件的查找方式找出这个词所在的条款，针对这部分内容进行重点关注，再次确认，一般来说就可以避免此类错误。

当然除了法律专有名词，在某些行业里面，错别字词也有所不同，例如施工合同中的"鉴证"，容易写为"见证"，药品研发中的"临床一期"写为"临床仪器"，诸如此类。

3. 输入方式的选择

尽量采用全拼方式输入，这样可以减少出错率。一般来说，全拼出现的字词范围更小，因此选择错误的概率更小。

第八节
专用条款衔接错误

一、专用条款的合同一般很有专业性

专用条款类的合同类型一般适用于比较专业的、大

额的业务类型,例如施工合同,也有的是多次使用的业务类型。

此类合同一般分为两个部分,通用部分和专用部分。通用部分是针对一般性情况进行的约定,而专用部分则是对于通用部分所进行的修改或者补充。

房产公司 A 与建筑公司 B 签署了总包合同,合同标的 6 亿多元,开工后,A 公司发现 B 公司的管理不够规范,工期也无法按照进度及时完成,春节假期后复工不久又出现安全事故,一名工人不幸身亡。A 公司法定代表人李先生从事房地产开发多年,对于施工合同的内容可谓烂熟于心,认为可以解除合同,遂安排负责人与 B 公司谈判解除合同。

但是对方提出这个情况并不能构成解除合同的条件。

经查合同,通用条款 16.3.1 约定了严重违约的情形,安全问题属于严重违约情形之一,可以解除合同。但是专用条款约定如下:"16.3.1:承包人发生以下严重违约情形的,在发包人催告的合理期限内承包人仍未履行义务的,发包人可解除合同……。"在严重违约情形中,约定了两个符合条件的内容:一个是施工进度方面,另一个是工程质量方面。所以我们看到,专用条款 16.3.1 中是没有任何关于安全问题方面的内容的。

那么既然专用条款改变了通用条款的内容，自然解除合同依据就不足了。李先生的苦恼可想而知！

二、问题在语文小错误

上述案例，问题出现在哪里呢？

A公司认为安全事故依然应该是解除合同的条件，只是增加了其他内容。但专用条款专门约定的严重违约情形却排除了安全事故，因此安全事故不再是解除合同的条件。

在专用条款与通用条款的衔接上，出现了一个文法错误，导致合同出现大麻烦。

三、标准表达方式

一般来说，专用条款与通用条款所涉及的事项之间的关系，业务人员是门清的，但是在基本的语文表达上犯了小错，而这个小错却带来了大的问题。

尽力提高相关员工的语文素养当然是一种解决方案，但对于企业来说很不容易。降低对于员工个人语言文字水平的依赖，才能最大程度避免此类错误。以标准化的表达方式作为管控手段，以个人语文素养作为补充，才能最大程度地管理好此类法律风险。

基本的方法是对专用条款与通用条款所涉及的具体事项之间的关系进行分析并推行标准表达方式。

1. 完全替代的关系

这种情况指对该条通用条款的内容完全放弃，而代之以新的约定。那么在专用条款部分，表达的方式是：

对于通用条款第 23 条的修改，可以表述为：……

通用条款 23 条修改为：……

2. 补充关系

这种情况指对通用条款的部分内容予以保留，再增加新的内容，那么对于这方面内容的表述，应该在专用条款中作出清楚的没有异议的表达，表达方式是：

保留通用条款内容，另外补充如下：……

3. 混合型关系：即有替代又有补充的关系

此类方法应对替代与补充内容进行分别表达，可以表达为：

除删除通用条款 23.1、23.4……外，其余保留。

另行补充约定如下：……

依据上述原则，我们所举的案例表达方式应该是这样：

保留通用条款 16.3.1 的内容，

另，下列情况也构成严重违约：……

当然还有其他文法错误，如标点符号之类的问题，此处不再赘述。

第九节
操作性的问题

行为的可操作性,简单来说就是能够做到。不具有操作性,也就是不能做到。对不能做到需要进行广义的理解,并非只是很直白地如在 5 秒内跑完百米那样无法做到,而是包括以下几种情形:客观上做不到;利益权衡之下,做不到;行为要素不全,或者表达不够明确。

1. 客观上做不到

客观原因无法做到,主要是指存在无法克服的因素,导致合同义务无法实现。有的合同约定的维修服务响应原则是:两小时内人员到现场,这一口号作为销售亮点可能会有吸睛作用,但是面对众多客户,实际上是无法做到的。

这种情况属于客观能力所限制的做不到,具有客观性,针对此类情况,最好的解决方案是避免此类约定。

2. 利益权衡之下,做不到

在有的情况下,虽然有些合同的内容可以实现,但公司会牺牲更大的利益,权衡之下,选择放弃履约。例如一个公司开始就有上市的想法,在前期有一个银行进行投贷联动,所以贷款合同约定了未来的投资价格(显然这个价格是很低的,并且约定要以优于同期投资人的投资价格)。如果是从一般的经营行为来看,这样做可以吗?当然可以！但从上市角度看，是否可以？显然不可以，因为会说不清是否存在利益输送，同期不同价是大忌。

当然我们不能因为后面的选择而否定前面的事项，因为利益权衡而丢弃诚信。我们所说的是在考虑一个交易的时候，要评估对于企业后续事项是否有影响，如有影响，则要根据后续事项的要求调整当前合同要求，所谓未雨绸缪是也。

3. 行为要素不全，或者表达不够明确

这种情况以送货为例，送什么货、交给谁、送到哪里、以什么方式运输等，如果约定中要素不全，可操作性也比较差，一般表现为约定不明的情况或者某些要素缺失。我们在行为的确定性中也讨论了此类问题，此种情况是重叠的，在此提出是为了从多个角度识别合同瑕疵。

第十节
如何正确对待法律审查意见

一般而言，商务谈判是由业务人员进行的，之后形成的初步合同草案送给法务人员或者外聘律师（以下两者统称法律人员）进行法律审查，结合法律审查的意见，各方进行进一步的沟通协商，经过也许一轮、也许多轮的反馈，最终达成共识，形成合同文本。

但是这个沟通磨合的过程可能并不顺畅，甚至是不愉快的。

"按照法律部门的审查意见,业务没有办法做。""这样的合同签下来,公司的利益一点保障也没有,业务员根本不懂法律,没有风险意识。"我们经常能听到双方类似的抱怨,问题出在哪里呢?对于法律审查意见的正确的机制应该是什么样的呢?

一、业务部门与法律部门的关系

就像经济基础决定上层建筑一样,交易安排决定了合同内容与表达方式。反映在职能部门之间的关系上,法律部门是为业务部门服务的,法律部门既要把关又不能去越俎代庖取代业务部门。这是我们提出法律审查意见最为基本的出发点。在实践中,有些企业负责人员为了规避法律风险的责任,要求完全充分采纳法律人员的意见,甚至有以法律审查代替合同谈判的趋势,这个显然是脱离交易实践的。

但法治经济条件下,法律部门又具有很重要的风险控制功能。市场经济也是法治经济,当事人交易的意思自治、你情我愿并不等于想怎么干就怎么干。除此之外,各方当事人适度利用法律技巧谋取优势的情况也会存在,这个时候法律人员的专业判断就比较重要。当然,对于法律人员的审查意见置之不顾肯定也是不妥的。

法律人员审查合同的方式也很重要,如何让法律人员的法律知识与业务人员的交易知识与经验融通，不是有了法律部门，请了法律顾问就能解决的。正确处理法律人员的法律审查意见是个技术活，也是企业管理软实力的一个重要方面。

二、关于法律人员审查合同方式的建议

本书主旨是讨论企业控制合同法律风险的问题，但法律人员的审查咨询意见是法律知识导入企业的重要来源，审查方式决定了导入效果，因此有必要进行简单的阐述。

1. 合同审查要进行直接、有效的沟通

一个好的合同文本，是企业交易知识与经验、法律知识和博弈能力的有机结合，这决定了合同审查也是一个交流沟通过程，有些问题是需要深入交流才能搞清楚的。微信上发一点文字或者通过电子邮件交流虽也十分必要，但是仅仅凭有限的文字沟通就想把问题讲清楚实际上是远远不够的，需要更直接深入的交流。

没有深入的交流，合同审查就变得不痛不痒，很难发现隐患或者抓住交易企业关心的问题。在合同审查过程中，需要积极的沟通，搞清楚公司的交易安排，针对合同中存在的问题、可能的疑点、可能的风险等问题展开讨论。作为律师，不仅要与企业负责法务的联络人员沟通，更重要的是要与交易的谈判者、操作者沟通。我

们的建议是，当面沟通或者电话沟通应该成为合同审查中的一个重要手段。

2. 改进审查方式

法律人员的职能在于发现和提示风险，但不能仅满足于提示而已。合同审查相当于一次小型普法活动，那就得有一个对法律知识的简单说明或者指引过程。可以从以下角度进行关注与把关。

（1）合同审查要指明风险的法律内容。法律人员只是指出某个条款有法律风险，这是不够的。

有些合同条款是博弈的结果，有的条款则是合同陷阱，专业的人士可能可以识别出来，但是一线的业务人员往往不能理解。说清楚法律风险的内容，这样比较有利于后续谈判。

有些问题还要给出法律依据，这样做的目的是既能让企业有关人员了解了相关法律知识，以便于其决策，同时也防止法律人员出现法律方面的失误。言之有据和凭感觉是完全不同的，这也会降低律师出现专业上错误的可能性。

（2）对于合同的不利部分，可能的法律后果进行简单提示。有些问题并不涉及法律上违法与否，很多人容易简单理解为商务内容，例如付款比例和阶段安排，但不同的安排可能会形成不同的法律风险。

对于此类情况要提示风险；如有合理化建议，则给出适当的建议。有些法律人员仅仅指出"这个约定对贵司不利"这是不够的，企业不仅要知道"不利"，更要知道这个"不利"的具体内容，这样才能在博弈中取舍，还要知道"有利"是什么样子，这样的意见才能为企业提供有的放矢的指导。

（3）搞清楚状况。合同文本的表达往往存在很多问题，我们在合同审查的实践中也会经常遇到。

对于有些表达问题，法律人员仅仅提醒"表达不明确"或者"意义不明确"，那么明确的真实的意思是什么呢？不搞清楚真实的意思表示，无法帮助一线业务人员解决问题。这种情况下要充分沟通以搞清楚交易的想法和安排到底是什么。

三、审查合同有立场

合同是合作也是博弈，因此你不能像考试或者批阅试卷那样，仅仅作出是否合法或者是否正确的价值判断。审查是有立场的，这个立场就是站在客户的角度看问题，为客户减低法律风险或者争取更好的法律上的利益。

可惜很多人并不明白这个显而易见的问题。有时候客户提供的合同，可能就是一个样本，并没有企业的名称，你的客户是甲方还是乙方都没有搞清楚，然后就对着文本提建议，岂不是无的放矢？没准还帮着对方射了自己客户一箭?

四、灵活处理合同的法律瑕疵

合同是博弈的结果,对于任何一方都不存在完美的合同,那么如何处理合同瑕疵呢?

依法律规定,定金不得超过合同标的额的20%[1],那么如果你所审查的合同定金比例为合同额的30%,你怎么处理?

有些审查者见到定金为30%,即指出其不合法,应调整到20%以下。这一建议从法律考试角度来说,满分!如果是个超脱的中立者,满分!如果代表买方,当然也是满分!

而如果你代表卖方呢?也许那就要不及格或者只能勉强及格了。

在卖方立场上,30%比例的定金存在达成一致的可能,有助于资金状况的改善;如买方违约,超过20%部分的款项实际上也间接具有了担保的功能。

那么你的建议是什么呢?可以是20%定金+10%预付款;也可以说明30%不合法之处,但如能保留,法

---

[1]《民法典》第五百八十六条规定,当事人可以约定一方向对方给付定金作为债权的担保。定金合同自实际交付定金时成立。定金的数额由当事人约定;但是,不得超过主合同标的额的百分之二十,超过部分不产生定金的效力。实际交付的定金数额多于或者少于约定数额的,视为变更约定的定金数额。

律上也没有什么不利后果。

对于瑕疵，我们可以提出问题所在，但同时指出其可能的结果，由企业视情况灵活处理更为合适。

五、熟悉交易模式

交易不是法律人员的本职工作，但若对于交易模式的了解不够，往往就难以识别风险，无法提出中肯的审查意见。

很多刚入门的法律人员为何觉得修改买卖合同之类的合同比较容易，主要是买卖合同比较常见，一般的人都了解这个交易模式。

但是大多数交易模式对于法律人员来说并不那么容易了解，靠着多看几遍有关法律法规也很难解决这个问题，例如期货交易，即便看了几遍期货交易的法条，也很难审查此类合同。同样的，投资合同也是如此，投资好像每个人都能做，这个看起来似乎专业性不高，也没有多少难度，那么为何一般的律师修改起来比较困难？因为涉及对赌、公司治理结构安排等不太熟悉的领域，对交易模式缺乏相应的认知。

六、法律意见的采纳机制

法律对于企业经营的保驾护航作用已经是共识，从合同审查来看，保驾护航的功能如何实现呢？我们认为取决于企业如何对待法律审查意见。

法律的效力依照强制性程度不同,分为不同等级,而法律意见相应也是这样。这里我们首先需要对于法律意见进行分类,这是法律机制所首先要面对的问题。

1. 法律意见的分级

法律规范基本上可以分为两类:一类是任意性规范,表现为"法无明文禁止即可为",反映了商业行为"意思自治"和自由的一面。另一类,就是强制性规范。法律对于一些行为是禁止和限制的,根据强制性不同,违反的后果也有所不同。法律建议应该反映前述要求,反映法律对于交易的管理尺度。对法律意见分级的标准在于法律后果,一般来说涉及以下几个层面。

◆ 违法犯罪。这个是红线,例如武器、毒品交易、非法吸储、洗钱、买卖婚姻之类,这一类是必须规避的。有些企业分不清非法集资[1]与不规范集资的界限,酿成刑事犯罪的悲剧。

◆ 合同无效。这个情况不涉及违法犯罪,但是为法律所不认可。在法律专业领域,之前认定合同无效的所谓"效力禁止性规范"和"管理禁止性规范"在理论上容易区分,但实践中却是比较难的。《民法典》合同编的司法解释出台后,对于合同无效的认定有了新的标

---

[1]《刑法》第一百九十二条。

准[1]，但其判断依然并不容易。

- 涉及内容表达方面。这一方面包括合同内容不完整、表达不准确、表达不确定等情况。如果存在这样的问题，那就要判断这种法律后果，然后决定是否调整、如何调整。

请大家注意，调整的根据是法律后果！合同文本是综合博弈的结果，在法律知识、表达水平上存在瑕疵，就会出现大家见到的虽然有的企业有市场优势，却输在合同表达上的情形。

- 合同的正义性。合同的正义性体现在合同的对等与公平两个方面，如图8-6所示。

```
                    合同的正义性
                    ┌─────┴─────┐
                   对等          公平
```

对等	公平
有些交易条款可能是不对等的，例如对于违约责任的约定，逾期交货违约责任的比例与逾期付款违约金比例的不同；还有一方要求管辖权必须在其所在地等。对等问题比较容易发现，其调整与否取决于博弈能力。	交易公平没有绝对标准，也很难有明确的标准。从公平到不公平往往是一个渐变的过程，当明显有失公平的时候，就形成了质变。对于对等与公平的审查意见，这个应该由业务部门根据情况博弈能力自主决定。

图 8-6 合同的正义性体现

---

[1]《最高人民法院关于适用〈中华人民共和国民法典〉合同编通则若干问题的解释》，第十六条。

◆ 隐含的风险。有些条款本身是合法的，但是却往往隐藏着剥夺一方权利的内容；例如一电梯供货合同，约定买方有权根据情况调整采购数量。这个看起来似乎有道理，出现了"新情况"进行调整是合理的；但是"情况"是什么呢？如果因为需求减少，调整是公平的，但调剂给了其他供货商呢？

可见，只是约定了买方调整的权利，但没有约定权利的条件，很容易发生合同风险。

还有些是不合理的免责条款、单方面赋予权利或者剥夺权利、默示条款等。

此外，另有一些设置不合理的限制条件，例如买方要求在第三方支付货款后再支付卖方货款。一旦第三方无法及时支付货款甚至破产倒闭，那么条款就有很大风险。

◆ 交易模式的优化问题。对于某些交易安排，可能存在多种模式，业务员因为其个人认识局限或对于其他模式的不了解，可能会选择其中一种，那么此时法律人员就会给出优化建议。至于此种建议是否适合，需要业务人员进行判断和选择。

2. 法律人员审查意见的处理机制

"高风险高收益"历来被认为是商界的一条重要规律，所以对于风险，不能用一个简单标准进行判断，更不能因噎废食。关键在于企业对于风险有自觉的认知，评估风险大小，结合企业对于风险的承受能力和风险偏好，从而采取合适的应对措施。

在此基础上形成的法律审核意见的采纳机制会具有个性特征，但也有共性的规律可循，遵循责权结合的基本原则。

法律人员的职责是提示风险，业务人员（包括相应决策权对的负责人）的职责是对法律意见进行评估，并决定采纳与否。那么是不是业务人员可以任意决定呢？在实际经营中肯定不是这样，否则风险管理就失控了。既要防止以急于推进交易为借口置风险于不顾，也要防止因为对于风险的过度规避而无法开展业务，把握这个平衡是法律意见采纳的原则。

这部分内容在第九章第一节"选择合适的交易对手"部分还会有所涉及，也可以作为进一步的参考。

（1）责权统一。

首先，采纳的权力在业务部门，因为业务部门对于交易对手的情况，本次交易的具体情况有第一手的了解，更清楚哪些风险可能发生，所发生风险几率的大小，救济措施的效果；其次，风险的承担是交易成功的前提，如何划分交易成功与风险分担是业务员把握的事项。

（2）适度容错。

业务人员应当对其决策承担相应责任，谁也无法完全避免风险，但是对于以上风险的处理应该本着认真负责的态度进行风险判断，真实完整地进行风险披露，否则就要对风险产生的不利后果承担责任。

当然，在责任承担方面，对于业务员的要求也不宜太苛刻，在限制盲目追求成交和促进交易的天平上，既要对恶意行为进行责罚，也要对失误有一定容忍度。

值得我们注意的是，业务人员对于其行为的责任承担，已经越来越被企业所认识并引入企业的风险管理实践中。

（3）管理措施。

权责结合不仅要有以上原则性的要求，也要有措施保证业务员落实以上要求。在实际操作中要建立起评估机制。

第一，进行评估。业务部门了解交易的实际情况，可根据对于交易对手具体情况的了解，结合对于法律意见提示的风险是否可能发生以及严重程度进行甄别，这种甄别是对于法律意见被采纳与否，以及如何采纳的依据。

对于重大交易的甄别，例如并购等，会采取尽职调查的方式进行。但对于日常交易，显然不可能采取此类做法，否则交易成本太高。这个只能通过观察行为能力的方式解决，具体可以参考行为能力的论述，找出适合企业的做法。

第二，给出理由。对于不予采纳的建议，要说明不予采纳的理由或者原因。业务部门对于法律审查意见不予采纳，应有理由，这个理由可能有两种：一种是实力博弈后决定的；另一种是认为风险可控或者条款可以接受。

3. 建立风险管理授权体系

对于不同级别的法律风险建立适当的授权体系将会达到充分发挥效率与风险控制的平衡。

红线条款是必须避免的条款，这个应该是企业必须坚守的底线，既是社会责任也是重大风险防控。这个是不能授权的，也不是一个可以讨价还价的事项。

无效合同我们从原则上来说是要避免的，但不代表一定要避免，而是根据情况取舍。这个主要基于现实的博弈和认定合同无效的复杂性所决定的。

鉴于企业经营的需要或者交易双方博弈能力的差异，在某些情况下，企业权衡之下可能会接受此类合同。

被认定为无效的合同，其适用的法律规定比较复杂，是否无效在合同审查之际本身具有不确定性；另外从合同签订后到合同发生争议，这中间有一个时间差，随着时间的推移，对于相关问题的价值判断所依据的社会环境、经济形势、政策环境等也会变化，在签订和争议的不同时段，可能会有不同的结论。

基于以上的分析，我们觉得在"无效合同"问题上应当慎重，采取避而远之的态度可能导致因噎废食，影响企业的经营发展；而其风险又确实较一般风险为重，需要特别慎重，法律人员、业务人员应当进行充分讨论，再行决策。

至于其他条款，其特征不涉及犯罪或者不影响合同效力，但是将会使交易双方所处的地位改变，对于交易一方的利益偏斜，将造成合同履行的可能性和难度有所变化，这个需要业务员根据情况酌情采纳。

当然这个过程不是对号入座那么简单。合同是企业综合能力的结果，法律知识通过审查意见的形式导入企业，而企业业务部门结合基于对交易的行业、对手的具体情况的分析，对于审查意见的评估，实现交易实况和法律知识的融合。决策的过程就是法律知识运用于交易决策的过程，业务员的选择是基于法律支持下的选择，是交易知识与法律知识融为一体的结果。融合程度是授权体系质量的重要保证因素之一。

第十一节

如何正确看待合同瑕疵

1. 瑕疵是合同文本的常态

从理想主义者的角度看，一个好的合同应该是合法、公平、公正并且符合表达要求的。但实际上任何一个交易主体都希望能有一个有利于自己的合同文本，会从自己的角度出发来争取利益最大化。基于双方的博弈、法律知识的限制、表达能力的局限以及一些非善意的因素，完美的合同文本并非常态，合同文本存在瑕疵倒是常态。

从律师自身的诉讼经验，或者大家观摩庭审录像，我们会发现，因为合同瑕疵而导致的纠纷大量存在，合同的瑕疵包括文本瑕疵和履行瑕疵，这部分我们讨论的是合同文本瑕疵的处理问题。

那么这就涉及一个很实际的常见问题，如何看待有瑕疵的合同呢？

2. 瑕疵≠不利

通常的理解下，瑕疵自然是不好的，白璧无瑕多么美好。白璧微瑕虽然可用于安慰，实际上还是透露出遗憾的底色，有了瑕疵起码不是好事情。但是在合同领域是不是也是这样理解合同的瑕疵呢？答案似乎并非如此。

我们看一个生活中最容易理解的例子吧：李老板是个卖肉先生，虽然不是北大才子，但生意也挺好。最近发现利润下降了，最后发现问题出在计量秤上。检查校正后，发现出现了5%误差，实重两斤秤出的结果是一斤九两。我们设想张大爷来买了2斤肉，不用算细账，也知道张大爷占了便宜。计量不准的瑕疵对于李老板自然是不好的，一天卖200斤肉，就亏了10斤。那对于张大爷呢？显然这个瑕疵是有利的。

瑕疵是对于完美而言，但评价和接受瑕疵则是以瑕疵给你带来的结果为标准进行的。从合同方面来说，当事人不是看到瑕疵就避而远之，而要看这个瑕疵造成的结果对于自己是否有利。合同的瑕疵对于一方而言，未必都是坏事，进一步而言，这个瑕疵可能是有利的。

如果瑕疵是有利的，那么为何必欲除之而后快呢？显然不能这么简单处理。处理这个问题，我们首先要认识到，瑕疵不等于不利。认识到这一点对于我们审查合同就有了极为重要的实践意义。

3."瑕疵"的灵活处理

瑕疵是一个伴随着合同过程的现象。因此认真研究合同的瑕疵并恰当处理，对于企业的生产经营具有很强的现实意义，从某种意义上讲，对于合同瑕疵的管理和驾驭能力本身就是生产要素的一部分，这个能力也是生产力。

（1）有些瑕疵其结果是有利的，可以灵活处理。

法律规定定金不得超过合同总额的20%[1]，买方交

---

[1]《民法典》第五百八十六条规定，当事人可以约定一方向对方给付定金作为债权的担保。定金合同自实际交付定金时成立。定金的数额由当事人约定；但是，不得超过主合同标的额的百分之二十，超过部分不产生定金的效力。实际交付的定金数额多于或者少于约定数额的，视为变更约定的定金数额。

纳的定金为合同总额的 30%，肯定违反了定金的法律规定，那么是否必须调整到 20% 以下？这就要看哪一方在处理这个事情了。

从卖方的角度来看，超过 20% 的部分从法律上来说是无效的，即便发生纠纷，也会按照 20% 来计算，那么对于卖方并没有增加不利的部分；但是如该合同就这么签署了，按照这个约定来履行，则卖方可以多收取 10% 的款项，此举既可以改善卖方的现金流，并且如果买方违约，对于卖方追究买方的违约责任也多了一层保障。这个实际效果显然是对卖方有利的，那么就没有必要建议其一定要调整到 20% 以下。但从买方的角度则相反。

（2）利用瑕疵可以起到"以弱克强"的效果。

上面这个例子中，这个 30% 的定金虽然违法，但为何会呈现在合同文本中？主要的原因还是交易的博弈决定的，当买方拿着现金还不能马上提到货的时候，你可能就没有讨价还价余地了。

交易的安排本质上是由交易双方的地位来决定的，但是这个决定性地位不是自然而然就能形成有利的合同文本，强势一方依然可能出现各种失误与失策，弱势一方依然存在机会。

交易的一方基于优势地位可以强势，但是如果在法律知识或者表达上有欠缺，而对方在这方面更高一筹，则可能让这种强势被削弱。两军交战，停战协议写得不好，强势一方还可以撕毁协议再打回来，但是合同则不然，合同纠纷的裁决者是法律，与一方的强势无关。这也是交易中弱势一方何以能"变强"的原因。

虽然合同指向合作共赢，但毕竟有对立的一面，一个合同就是一个小的战役，是不同人员的资源组合的战役。所以我们既要看到整体实力的差距和博弈，又要看到具体合同中形成的实力组合与差距。企业的强往往表现在研发能力强，产品竞争力强，市场占有率高从而形成竞争优势，还有的是作为买方有所谓的"强势"。但是一个合同的形成中各个环节的经办人的法律水平、文字水平、经验水平等会有差异，也会有认真程度之别，在这个方面，交易中强势的一方的人员未必都处于较高水平。在合同形成过程中，双方经办人员个体素质的差异、团队协作能力差异、管理水平差异，甚至是领导重视程度不同，所有这些都可能让那些"强者"签了一个不利的合同，也会使得"弱者"可能签署到一个比较有利的合同。

所以对于企业而言，优势企业应注意保持优势，克服短板；劣势企业则需尽量化不利为有利。

第九章

控制权在文本阶段的应用实务

文本阶段大家容易忽视的是，为实现交易的正向安排，即控制权的重要实现方式。本章对于那些看起来谁都会做的"交易安排"的深层逻辑进行剖析，帮助读者学会价值释放、条款谈判，做一个明白人，而不是像市场买青菜那样盲目地讨价还价。另外，对于偏离的控制、产生间接法律风险的文本错误的控制等，本章会给出具有立竿见影效果的建议和小方法。

第一节
选择合适的交易对手

合同的起点在于选择合适的交易对手。根据项目的具体情况，选择交易对手的方式会有所不同，通常的方式如下。

1. 尽职调查

尽职调查是一个比较专门的活动，是对于交易对手的情况进行详细的调查和评估。

（1）专门的尽职调查。这个适用于投资项目、收购重组等重大的交易活动。一般来说是由法律、会计等专业团队进行，对于交易对手的法律、财务、商业、技术状况等进行详尽的调查，根据尽调的结果确定是否进行交易或者设定相应的交易条件。

此类调查一般有专业机构进行调查，调查的内容也有基本的规定和做法，在此就不展开了。

（2）简单的尽职调查。此类适合于企业重大的合同，一般来说当交易对手比较期待这个合同的时候，会接受简单的尽职调查。一般公司自行派员考察交易对手的情况，以确定是否具备交易的可能性。

这种一般是考察对方履行合同的能力进行考察，不同的交易其重点各有侧重，这是由企业根据交易的具体内容加以确定的。提供产品的,一般集中关注生产制造能力,对于生产线、技术能力等方面有较高的要求;重大研发项目会关注过往业绩,研发团队、研发能力等方面;而物流项目则可能更看重对方的运输车辆情况、调配能力等。

2. 招标确认

有些项目采取招标方式,会要求投标方提供相关的营业执照、资质证明、过往业绩等,通过审查相关文件来确认对方是否具备交易能力。

3. 一般审查

在通常的交易中,对方很难提供详细的资料以供考察,这就需要公司通过简单的查询方式来进行基本审查。一般通过请对方提供营业执照复印件,证明其合法存续;通过查询相关资质、专利、诉讼执行等信息以确定其履约能力。有些企业的信息也可以通过舆情进行查询。

通过国家工商企业信用公示系统、国家专利局官网、最高人民法院官网、企查查、天眼查等公开信息网站也可查询到不少企业的经营信息。

过往的诉讼情况,作为一个重要参考,其作用是对于交易对手能力的证伪作用。一般认为,有了诉讼,特别是执行终本之类情形的话,基本上就可以得出其不具有履行能力的结论了。

4.特殊情况的处理

有的交易主体在洽谈阶段,不具备相应资质,但具有实际履行能力,例如只有二级资质但能进行一级资质才具有的施工能力;出租方的房屋已经竣工验收但尚未办理房产证等。

此类瑕疵可能会在交易过程中得以弥补,或者虽然不能弥补,但能够有效地完成交易。是否选择与之交易,则由企业根据具体情况决定。

第二节
有序释放价值

交易本质上是一种价值交换,通常来说就是以货币支付的方式来购买商品、资产或者服务,买卖合同、投资股权、收购专利等都是如此。在正向路径安排下,需要控制的因素复杂多样,我们认为最重要的是价值控制。

付出是为了得到回报,回报是由交易对手作出的,企业难以控制交易对手的行为,因此风险控制依赖于自己一方控制价值的释放。根据交易标的不同,价值释放的形式会有所不同。

通常的交易表现为一方支付货币,一方支付交易标的方式。标的的具体情况决定了付款方式。而标的价值释放与付款的关系与其原理相似。我们以付款与标的情形展开分析。

1. 价值的形成过程

标的物的价值可以分为一次性存在的价值，例如股权、专利、商标、字画。也有逐步形成的价值，例如数台设备、一台电脑、500吨煤炭、设计成果、勘察报告等。不管他们是可分物或者不可分物，都有一个价值形成的过程。其表现形式会有所不同：不可分物如单个设备随着备料、投产、组装等而不断形成价值，与生产制造阶段相联系；而提供数台设备，则又与数量的产生进度相联系；智力成果等则与研究开发阶段相联系，例如药品开发，可以分为以设计、合成、筛选、优化等为主要内容的前期研究阶段，药理毒理研究阶段，临床前期研究阶段，临床试验研究阶段，上市申请取得批文等阶段。取得批文才算是完成了成果交付。

2. 价值验证过程

通常我们认为商品是价值和使用价值的统一，使用价值即质量，就是产品的质量标准、功能指标等。构成价值的主要因素有数量与质量。

一个集装箱过来，你不知道里面装了几台设备；设备能不能启动，是不是坏的？如果启动了，是否能满足各项合同要求的性能参数？这些都是要检验的。勘察报告形成后，还存在能否通过专家评审、通过备案等各类须关注的问题。

数量的验证比较直观，与此同时，同样可以直观观察到的是外观是否存在破损等因素。而其他涉及质量的部分则比较复杂，根据标的情况会有不同的阶段、程序和方法。

价值验证的过程，包括数量、外观等直观可见的方面；也包括质量和一部分不可直观判断的，须经过使用、检测、运行一段时间才能得出结论的方面。从价值验证上说，质保期也具有验证的功能。

3.影响价值控制的因素

从以上分析来看，影响价值的因素以交付为分界线，可以分为两个阶段。

（1）交付之前。这个阶段是价值逐步形成的阶段，标的物的提供者经过不同的阶段，要投入相应的资源，对于这部分投入，买方应相应支付对价；否则生产制造者将会面临投入如何收回的问题。

（2）交付阶段。这个阶段是价值接收与价值验证阶段，如果标的物交付就付清款项，那么对于接受方来说也是有风险的。标的物还要经过验证环节，确实符合质量要求才能按照约定付款。有些交易中，价值验证不是必然的付款节点。

这些阶段是根据交易的具体内容来确定的，不同的交易会有不一样的内容，另外值得我们注意的是，这个划分是原则性的，与价值交付正相关，但不是精确的联系，也不是严格的价值确定。交易对方的生产能力、信用等具体情况以及市场情况对于付款或者收款的阶段、比例同样也有比较大的影响。

4. 价值有序释放的原则

（1）价值形成与价值验证有不同的阶段，付款应当与这些阶段相对应。当然这个阶段可能会划分得比较细，但是不能过细，过细则不仅会影响效率也容易引发争议，这个度由企业根据实际情况具体把握。

根据不同情况，付款节点可以考虑进度、关键任务完成、重要目标实现、交付、验证等行为。

（2）对于合同签署时已经存在的价值，如古玩、字画、专利股权等，依据具体情况进行分析如下。

◆ 需要价值验证，例如字画，验证是否为赝品。

◆ 不需要验证，例如专利，可以一次性付款；也可以以专利登记变更为界限分两次付款。

◆ 不需要验证，但需要一系列环节，例如转让股权，需要股东会决议、股东放弃优先受让权声明、工商登记变更等，可以根据相应环节支付相应款项。

5. 价值释放的特殊情况

一般来说，标的物交付即视为价值转移，但也可以约定价值不随着交付而转移[1]，待对价付清后再转移。

6.增信措施

增信措施即担保，关于担保有保证、抵押、质押、定金、留置等形式。定金虽然也属于担保措施，但更重要的在于其惩罚意义。比较常见的是前面三种情况。

大家对于担保比较熟悉了，这里指出几个需要注意的事项。

（1）保证是基于信用而发生的。首先，如何判断保证人具有较好的担保能力是需要注意的问题，并不是增加了一个人就真的增信了。

其次，要找准关键人。法人担保当然也可以，但银行的做法更值得借鉴，即由实控人担保，也就是由能解决问题的人来进行担保。

（2）抵押物、质押物的价值可见，但首先要注意是否有存续的抵押、质押情况；其次要明确办理登记手续的事宜。在实践中有不少人约定了采用抵押、质押的方式进行保证，以为就自动生效了，其实不然。例如不动产抵押，在登记后抵押权才可视为设立[2]。

---

[1]《民法典》第六百四十一条：当事人可以在买卖合同中约定买受人未履行支付价款或者其他义务的，标的物的所有权属于出卖人。

[2]《民法典》第四百零三条：以动产抵押的，抵押权自抵押合同生效时设立；未经登记，不得对抗善意第三人。

第三节
容易发生的错误

一、文本表达中的问题

在第八章"文本的形成"中,我们所讲到的问题,也是文本阶段可能出现的法律风险,同时也对如何克服的方法进行了分享,详情可以参阅该章。

文本的表达须解决两个基本问题:文本内容的完整性及克服错误的方法。

这部分内容解决约定不明或没有约定等常见的法律问题。其克服方法也是控制法律风险的手段。

下面我们就有些问题,再做重点提醒。

二、写好"鉴于"部分

在合同文本中,有一个大家觉得可有可无的事情,那就是"鉴于"部分,这个部分往往是对合同文本的交易背景等进行的说明。

为何写这个部分?我们考虑到很多人出于习惯使然,或者人云亦云,虽然写了,但是并不知道为何写,当然就更不知道写什么。有些"鉴于"部分甚至写"鉴于甲方(乙方)是一个持续存在的公司"之类的内容,纯属画蛇添足。

大部分合同可以不写"鉴于"部分,直接写明双方权利义务就好了。但有些合同中这一块都很重要,是对于交易背景、交易目的的说明。既然大家都清楚要达到什么样的交易目的,那么交易安排即其他合同条款自然要为交易目的服务。在这个意义上就体现出"鉴于"的重要性了——它决定了条款安排的出发点和归属点,当约定不明或者意思不清晰的时候,对于合同条款的解释必须充分考虑交易目的[1]。

三、偏离事项要全面

在合同文本中,对实现交易目的影响极大且属于正向路径的谈判和安排是合同的基础,大家自然会更加关注,而对于偏离则往往耐心不足,重视不够。

一方面是偏离与校正的地位次于正向路径,另一方面,偏离是在正向行为的基础上产生的,是发散的,例如"2个月后付款150万元",这个行为可能产生几种偏

---

[1] 第四百六十六条:当事人对合同条款的理解有争议的,应当依据本法第一百四十二条第一款的规定,确定争议条款的含义。合同文本采用两种以上文字订立并约定具有同等效力的,对各文本使用的词句推定具有相同含义。各文本使用的词句不一致的,应当根据合同的相关条款、性质、目的以及诚信原则等予以解释。
第一百四十二条:有相对人的意思表示的解释,应当按照所使用的词句,结合相关条款、行为的性质和目的、习惯以及诚信原则,确定意思表示的含义。无相对人的意思表示的解释,不能完全拘泥于所使用的词句,而应当结合相关条款、行为的性质和目的、习惯以及诚信原则,确定行为人的真实意思。

离：逾期付款、付款不足额。与此对应的还有相应的校正措施，比如逾期违约金、是否要解除合同等。总的来说，偏离与矫正的内容多而繁杂。面对这种情况，企业人员对于偏离与矫正内容的重视和投入程度往往不够，在偏离的情形和处理上缺乏足够的约定。而这些在解决诉讼争议时却又至关重要。

在付款、逾期交货等主要条款上，企业往往还比较注意，会有一些违约责任的约定，而对于其他情形则安排得相对笼统。

合同上常见的错误，就是对偏离的情形没有根据交易具体情况进行有针对性的约定，或者就是有了约定却没有注意去综合运用控制措施，比较简单化，不利于促进交易并解决问题。

有的合同列举了几个违约情形与校正措施后，往往跟着这样的一句话："一方违约的，应当依据《民法典》承担违约责任"，显然合同起草人员并不知道违约责任不具体是没意义的。或者还有更严厉的："有其他违约情形的，按照合同总额的10%承担违约责任"，这样的约定看起来一网打尽，但是效果却不好。

建议在实务中，选出确有必要的事项，有针对性地约定包括违约责任在内的校正措施。

四、善于运用管理工具

在文本形成部分,我们提供了以下小工具,建议企业在文本形成阶段充分重视,纳入管理制度。

1. 特殊事项管理

合同中的价格、地点等客观事项,不存在语言理解方面的问题,因此不太容易引起大家注意。并且这个信息往往掌握在一线谈判人员手中,其他人一般不太容易知晓。另外,在合同文本审查中,特别是当文本来自对方时,此类客观因素更容易被忽视,因此要对这些事项进行特别管理。

方法是由一线谈判人员对这些特殊事项进行专门确认,防止因走马观花或者注意力在其他事项上而导致的错误。

作为工具建设,企业可建立特殊事项管理清单,设立再确认的操作确认程序。

2. 其他技巧

在文本形成部分,我们讨论了避免别字的小工具"字词库"、检查指引性错误的"回头看",这些工作上的小方法、小技巧虽然简单但是直接有效,建议企业能普及到员工,有效降低风险。

五、容易忽视的部分

1. 市场变化预判

交易安排中,我们往往注重于眼前的市场状况,而对于市场变化预计不足。对于合同期内的影响合同的重要因素需要进行判断，如存在发生重大变化的可能性，则要在合同中进行约定，防止被动适用"情势变迁"[1]。

2. 实控人问题

在通常的概念里，法人具有独立性，股东只是投资人的概念，股东变化并不会影响法人的独立地位。但是大家往往忽视了，控股股东对于标的公司的经营状况会产生较大影响。

在银行的贷款合同中，控股股东的变化是一个应该报备的事项，而一些重大的投资、合作或者重大项目合同往往也是与实控人是关联的，遇到此类情况，应当在合同文本中进行特殊约定。

六、默示条款的处理

默示条款[2]是相对于明示条款而言的，明示是明确表述，默示则是推定的方式。默示是由法律、合同规定，或者交易习惯下认定的，鉴于本文的阶段，我们将

---

[1]《民法典》第五百三十三条规定，合同成立后，合同的基础条件发生了当事人在订立合同时无法预见的、不属于商业风险的重大变化，继续履行合同对于当事人一方明显不公平的，受不利影响的当事人可以与对方重新协商；在合理期限内协商不成的，当事人可以请求人民法院或者仲裁机构变更或者解除合同。人民法院或者仲裁机构应当结合案件的实际情况，根据公平原则变更或者解除合同。

[2]《民法典》第一百四十条规定，行为人可以明示或者默示作出意思表示。沉默只有在有法律规定、当事人约定或者符合当事人之间的交易习惯时，才可以视为意思表示。

讨论文本如何处理默示的问题。

默示的认定，有的是通过作为推定，有的是通过不作为推定。通过行为推定不可怕，因为你既然有此行为，自然知道自己在做什么，需要什么，例如租赁合同到期，你不去续租，但是继续交房租，说明你要继续租赁。麻烦的是不作为情况下的推定，可能因为疏忽就自己把自己给坑了。

例如施工合同的竣工结算报告，如果业主方收到后 28 天没有答复，即视为认可。很多企业联系人收到报告，内部几经周转，可能交到财务或者审计部门，这些主管部门根本来不及看，或者去慢慢核对了，过期忘记答复了，人家的结算报告就视为认可了，导致不利的后果。

默示条款是可以在对合同履行的管理来避免的，这个问题我们在合同履行中的控制权部分还会详细分析。但正如任何有效的管理措施都可能失效一样，履行中的管理也可能失效。

因此作为默示的一方，合同文本中如果能够避免默示条款就是最好的风险控制。而从对方来说，则恰恰相反。

七、解除合同作为最终控制权

违约的发生，将使得双方的交易关系处于不确定状态。我们知道每个交易都是企业有机运行的一个部分，不确定性将会消耗企业的管理成本和经营效率，因此当偏离出现后，要么尽快纠正，促进交易的继续进行；要么迅速解除合同，终结这种不确定状态。是否能够促进交易是不能确定的，但是解除合同是可以做到的，因此在合同文本中要约定合同解除的条件与合同解除的权利。

虽然也有法定解除[1]合同的条款可以适用，但我们认为，约定解除[2]更有针对性，更有效率。

第四节
加强法律服务的沟通

法律人员的审查意见是法律知识导入合同流程的重要起点和重要环节。如何采纳法律人员的审查意见在前面已有论述。

在实践中需要注意的是对"不予采纳"的管理要到位。在企业的经营中，市场无疑是一把尖刀，重市场是很多企业的优先事项，这无可厚非。但在实践中，常有为了冲业绩、冲订单，而放松了对风险的控制。有些风险提示和法律建议被找了个理由束之高阁。

---

[1]《民法典》第五百六十三条。
[2]《民法典》第五百六十二条。

在这个问题上，应对于"不予采纳"进行规范管理，由业务人员对不能采纳的原因、依据进行说明。规范管理并不是要强化业务人员对于法律意见的采纳，而是要让业务人员慎用权力，重视风险。

另外一个重要的问题是加强法律意识的培养，提高法律服务的水平，让业务人员能够理解法律风险。一些企业在总结文本问题带来的法律风险的教训时，片面强调业务员为了冲业绩，忽视法律风险，心存侥幸，这固然是有一定的道理。但冲业绩是客观的，任何一个企业也不会放任业务人员为了业绩而被骗或者遭受坏账的巨大损失，业务人员本身肯定也不愿意发生这样的事情。所以从这个角度来说，业务人员也有谨慎对待法律风险的内生动力。但为何"心存侥幸"呢？其中一个因素我们认为还是业务人员对于所面临法律风险的认识不足、理解不够。在合同文本的形成过程中，加强法律人员与业务人员的交流是很重要的。

第十章

合同履行中的风险控制

签署一个好的合同固然重要，但履行合同更重要，企业手持一个好的剧本却演砸了，一手好牌打得稀烂的情况并不鲜见。

本章我们集中讲述合同履行中的法律风险的控制问题。作为一本具有实际操作价值的工具书，在论述过程中会提供一些具体的风险管理事项的方法指导，向大家介绍具体的知识点，并通过这些知识点帮助大家理解和领会控制法律风险的基本逻辑和方法论。

证据管理是重要的控制点，鉴于已有如何管理证据的专章，在本章中不再赘述。

第一节
合同履行阶段是风险控制的基础

与合同文本不同,合同履行具有更加广泛的权利义务内容。参与的人数更多、参与人的水平参差不齐的情况比较明显,因此就会面临更多的变数,如何控制法律风险也就变得更加复杂而重要。

1. 权利义务范围

在合同履行阶段,我们要有效管控法律风险,首先面对的难题是确认法律风险来自何处。那么要解决这个问题,就必须搞清楚在这个阶段,权利义务的来源和构成,也就是首先要明确该阶段权利义务的范围。

合同是双方权利义务的来源和依据,但却不是全部,此外,还有一部分是法律规定的权利与义务,所谓"有约定从约定,没有约定从法定"既是执行合同的依据,也是处理合同纠纷的依据,还是确定权利义务范围包括法定部分的依据。

习惯也是权利义务的一个重要来源。有些行业,存在着行业惯例;或者双方存在很多次交易,已经形成了交易惯例,这些惯常做法虽然没有写入合同,但是依然构成权利义务的一个部分。

如果仅仅盯着合同文本内容来控制合同法律风险,

那么合同文本之外的法定权利义务部分将得不到有效的管理，必然留下巨大的风险隐患。

2. 文本中对合同权利义务表述不全面

合同之所以不能够涵盖所有的问题，其主要原因如下。

（1）合同当事人主观认识的原因。新的交易模式下自然会有很多尚未认识的因素，因此存在着整体认知不到位的情况。实践总是领先于认知，这会导致一些交易内容无法反映到合同条款中。

就算是比较熟悉的交易模式，因为具体企业认识的不同，参与人员认知的差异，依然存在着认识不全面的情况。就像小学五年级的数学，这些数学已经是完整的知识，不存在还有未知领域，但是有的学生能考满分，而有的只能考七八十分甚至不及格。具体到合同也是这样，虽然交易模式已经很成熟，但不是每个企业都熟悉，形成的合同与学生的试卷并无不同。

（2）语言表达问题。合同文本约定不明或者存在歧义，对于已经认识到的行为却没有在实际中表达出来，也会导致权利义务的描述在事实上缺位。

（3）有些法律规定，虽然合同制定者知道，但没有规定到合同内容中。有些交易的内容，虽然已经有了法律规定，交易双方也认可依据法律规定来确认双方的权利义务关系。但是如果把相应的法律规定都照搬到合同文本中，既烦琐有没有必要，所以合同文本中往往就不会体现这部分的具体内容。

有的合同会有这样的条款："本合同没有约定的，适用法律规定。"从法律人员的角度看，"没有约定从法定"是一个基本的法律原则，所以这一句话没有实际意义。

但是合同文本是给参与到执行合同的人看的，正如我们所指出的，参与合同的员工很多，他们分布于不同岗位，认知水平参差不齐，并不是谁都懂的"没有约定从法定"这个原则，所以写上这个条款还是有意义的，起码让普通员工知道除了文本约定的权利义务，还有法律规定的权利义务。

写上这句话具有操作上的意义，但不写对于权利义务的界定也并无影响。在实践中参与合同文本的同志大多数是法律人员或者对于合同比较熟悉的同志，此类表述一般就省略了。而有关的具体法律规定一般更不会照抄录入合同中了。这是造成合同文本中法定权利义务缺失的重要原因。

与此类似，交易惯例、行业惯例则更难以把握，更难以进入文本部分。

3. 风险控制的基本分类

合同法律风险的防范，首先是防范来自交易对手的风险，具体表现为交易对手违约的风险，对手不当行使权利的应对防范风险等。其次是防范自身原因可能产生的法律风险。表现基本有三个方面：其一是义务方面，表现为违反合同义务或者法定义务的法律责任；其二是权利行使的瑕疵；其三是防范法律陷阱的不当行为。

围绕以上几个方面，我们将在下文中对合同履行阶段如何控制法律风险展开讨论。

第二节
合同效力管理

合同分为口头合同、书面合同或者其他形式，鉴于书面形式为企业合同的基本模式，我们主要讨论书面形式的合同效力问题。本节主要讲合同的生效与失效。

一、经签署的书面合同情形

合同分为合同成立和生效两个阶段。

1. 合同成立

合同一经签署即告成立，个别情况除外，例如定金合同，在定金交付后合同方成立。所谓合同成立即合同双方签字盖章。一般而言，依法成立的合同即发生法律效力[1]，通俗理解就是合同经过双方签字盖章后即发生法律效力。

2.合同生效

有些合同签署后并不能生效，只有当法律规定或者当事人约定的条件成就，合同才能生效，基本情形如下。

（1）外部批准类。

有些民商事法律行为的发生需要经过外部管理机构批准，有些是基于许可类的行政监管，有些是基于产权类特别是国资的管理，如：跨境投资，需要外汇管理部门的批准；重大资产重组需要监管机构的批准；金融牌照的转让、银行股权转让需要金融监管部门的批准；有关国有资产转让需要国资管理部门的批准。

当然以上只是列举，在实践中需要根据情况进行具体的比对和确认。

（2）内部批准类。

有些合同需要内部批准，如：上市公司对外担保，需要股东大会批准并且对外披露；特别是针对上市公司的对外担保，我们要特别提醒，不仅要股东大会批准，

---

[1] 第五百零二条：依法成立的合同，自成立时生效，但是法律另有规定或者当事人另有约定的除外。
依照法律、行政法规的规定，合同应当办理批准等手续的，依照其规定。未办理批准等手续影响合同生效的，不影响合同中履行报批等义务条款以及相关条款的效力。应当办理申请批准等手续的当事人未履行义务的，对方可以请求其承担违反该义务的责任。

而且该决定必须经过披露才能作为成立的基础。

非上市公司对外担保,需要公司内部的批准。

(3)法律直接规定的情形。

法律直接规定合同生效与否的情形不多,但也有如定金条款。《民法典》第五百八十六条规定,当事人约定定金作为债权担保的,定金交付时,定金合同成立。定金交付是合同成立的前提,因此定金交付也是合同生效的前提。

这个问题比较容易迷惑到人,通常大家会"认公章",假公章比较容易理解,但如果是真公章呢?理解起来就比较复杂。大家注意一下2024年7月生效的《中华人民共和国公司法》,大大增加了高管的责任。因为作为内部人是存在代理人道德风险的,可能会滥用权利作出对公司不利的行为,甚至未经授权偷盖公章,因此对于一些重大行为必须经过公司内部决策程序,涉及的人和环节越多,越会大幅度降低徇私舞弊的风险;而有的则要求更严格,例如上市公司的担保,需要以披露的股东大会决议为准,这就更能有效避免代理人的道德风险。

公司法关于董监高责任加重的变化,其原理即如上述,这也是我们在审查合同效力的时候需要尤为注意的。

(4)当事人约定的情形。

◆ 当事人另有约定,一般是指附条件或者附时间的行为。

◆ 当事人可以约定一定的条件，当条件发生时，合同生效或者解除。

◆ 当事人可以约定期限，当期限到来时，合同生效或者解除。

二、未经双方签署的合同

有些合同双方已经敲定基本内容，或者一方已经盖章，但另一方可能尚未盖章，从形式上看合同尚未成立。但如果一方虽未盖章，但是以实际行动履行了合同部分内容的，视为接受合同内容，合同发生法律效力。

三、风险控制点

1. 法律另有规定的发现

当事人另行约定的情形比较容易管理，而法律另有规定的情况则未必为当事人所知悉，就算是专业律师也未必都知悉。

对于公司未进行过的交易类型，稳妥的方法是要注意查询，必要时向主管部门进行咨询。

一般来说交易中涉及的事项，如涉及以下情形需要特别注意：

与权力有关的国家管制的事项如外汇、金融类、涉及许可的事项、国资监管的事项。

合同一般是等价交易的，但可能涉及利益输送，如果该合同具有相关内容,则应予以注意:担保类、债务加入、为控股股东进行担保。特别是上市公司,因为此类行为损害公司利益的结果是损害广大中小投资者的利益,进而扰乱资本市场,损害社会公共利益。

2. 注意恶意行为

需要批准类的事项,需要当事人一方的积极行为来完成。当事人为了自己的利益,可能会怠于申请批准事项;附条件的事项,则存在着当事人一方为了自己的利益而不正当地促成或者阻止条件成就的问题。不正当的促成条件成就,视为条件不成就;不正当的阻止条件成就,视为条件成就。

因此在合同效力问题上,要注意生效或者失效事项是否发生;当效力迟迟不能发生或者效力发生变化的时候,注意搞清楚对方是否有恶意行为。

3. 合同的解除或者撤销

在合同中,往往会约定当某种情况出现时,当事人一方有权解除合同,这个与附条件解除合同有所区别,当该种情况出现时候,并不是合同即告解除,而是赋予一方当事人合同解除的权利。

涉及合同效力的另一个大的方面是合同的撤销。可以撤销的基本情形如下:

(1) 重大误解的合同发生误解的一方可以撤销合同。

（2）因欺诈行为产生的合同，被欺诈一方有权撤销。实施欺诈的主体有合同交易方或者第三方。

（3）乘人之危或者利用对方缺乏判断力签署的合同，也可以被撤销。

（4）还有一种情况是被胁迫签署的合同，可以撤销。虽然此类情况不多，但是实践中也是有的。

当我们感觉到所签署的协议明显"吃亏了"，或者觉得与正常的逻辑不相符合的时候，需要注意发现是否有以上可以撤销的情形。因此对于这种情况，需要根据合同或者掌握的相关证据，根据情况酌情行使。

在行使此类权利的时候，需要特别注意期间的问题。此类问题毕竟不是交易的常态，也正是因为这种交易的危害性并不是特别严重，所以法律把撤销的权利赋予了当事人。我们知道任何交易都会导致新的经济秩序的建立，为了尽最大可能降低经济秩序变化的负面影响，法律对于撤销权在时间上进行了比较严格的限制[1]。

---

[1]《民法典》第一百五十二条：有下列情形之一的，撤销权消灭：
（一）当事人自知道或者应当知道撤销事由之日起一年内、重大误解的当事人自知道或者应当知道撤销事由之日起九十日内没有行使撤销权；（二）当事人受胁迫，自胁迫行为终止之日起一年内没有行使撤销权；（三）当事人知道撤销事由后明确表示或者以自己的行为表明放弃撤销权。
当事人自民事法律行为发生之日起五年内没有行使撤销权的，撤销权消灭。

这个是我们在行使撤销权时候要注意的：其一是时间要求比较短；其二它不是诉讼时效可以中断，它是除斥期间（听起来很晦涩，白话就是不管什么理由，过期不候）。

第三节
行为前的风险检查与处置

在行为前检查交易对手的风险，并判断行为是否是合同履行中的一项重要动作，下面我们将详细分析。如何查询以及查询方向的内容，请参考第四节的论述。

1. 行为前风险检查形式与处置措施

行为的交换性告诉我们，不论一方的行为是处于哪个序位，付出总要得到回报，否则就会产生风险，做得越多可能损失越大。交易双方地位的平等性决定了谁也没有强制交易对手行为的权力，因此风险的防范必须立足于自身的行为。因此在行为之前必须进行风险检查，以确认该行为是否会引发风险。基本的情形如下。

（1）先履行抗辩权。对方行为在先，检查的内容是对方应当完成的合同行为是否已经如约完成，如未完成或者完成不符合要求，则企业可以不履行相应的合同行为。

（2）不安抗辩权。自己一方行为在先，但一旦作出行为后，交易对手是否会履行其行为呢？风险检查的内容就是对方是否有不履行的风险，这包括对方是否有能力继续完成，或者对方是否愿意继续完成后续的行为。如何检查，下面我们将专门论述。

（3）同时履行抗辩权。双方的权利义务没有约定先后顺序，法律规定应同时履行[1]。法律规定如对方没有履行，则对方没履行前也可以拒绝履行，如对方履行不符合约定，企业可以拒绝履行。这种情形适用先履行抗辩权的原则。如果其履行符合要求是否就必须履行呢？《民法典》没有继续说，我们认为可以参照不安抗辩权的规定执行。

在三种形式的抗辩权中，最重要的是不安抗辩权，其余两种基本上比较容易判断，风险极小或者没有风险。

那么在实践中我们如何应用不安抗辩权这个工具呢？

2. 不安抗辩权的行使

行为前进行风险检查的重要目的是决定是否实行相应的行为。如前所述，实行相应的行为须符合合同形式上的要求，但要判断是否实行相应的行为才符合风险控制的要求。

---

[1]《民法典》第五百二十五条：当事人互负债务，没有先后履行顺序的，应当同时履行。一方在对方履行之前有权拒绝其履行请求。一方在对方履行债务不符合约定时，有权拒绝其相应的履行请求。

（1）不安抗辩权风险检查的具体内容。检查的基本内容依据《民法典》给出的不安抗辩权的法定条件[1]，可以简单归纳为3+1。法律给出了一些原则性的规定，那么在实务中我们如何识别这个问题呢？

◆ 经营状况严重恶化。经营状况是企业一定时期的经营和管理状况，直接关系到其履行合同的能力。经营状况是企业运行的一种状态，主要表现在企业的持续运行能力。评价企业经营状况，涉及的因素包括财务状况、市场状况、人力资源状况、生产经营状况、研发状况、环境影响状况等。

企业经营状况严重恶化的主要表现是企业持续经营能力受到严重影响，企业提供产品或者支付款项的能力均存在很大的不确定性。在企业经营状况严重恶化的情况下，企业很可能面临大量的违约事件，一旦遭到起诉，其资产受到查封、冻结，将会对其生产经营产生更为恶劣的影响。为了避免新的损失，法律原则上给予当事人一方中止其履行相应行为的权利。

这个问题主要涉及的是企业的行为能力，此部分可以参考行为能力部分。

---

[1]《民法典》第五百二十七条规定，应当先履行债务的当事人，有确切证据证明对方有下列情形之一的，可以中止履行：
（一）经营状况严重恶化；（二）转移财产、抽逃资金，以逃避债务；（三）丧失商业信誉；（四）有丧失或者可能丧失履行债务能力的其他情形。

◆ 转移资产，抽逃资金，以逃避债务。俗称掏空公司，目的是逃避债务。直接抽逃容易被发现，所以公司往往选择那些比较隐蔽的方式，例如：通过各种关联交易、虚假交易、虚假分红、不合理的低价处理资产或者高价购入资产、恶意捐赠等方式进行前述行为。

债权是企业资产的组成部分之一，但作为无形资产不像土地、设备、资金等那么引人注意。企业往往会通过放弃债权、部分豁免债权等方式实现恶意转移资产的目的；更为隐蔽的是怠于行使债权，造成诉讼时效"逾期"的法律后果，从而合法地逃废债。

另一种与债权关联的做法是放弃担保权。放弃担保就放弃了收回债权资产的可能，与恶意转移资产异曲同工，也应属于恶意转移资产。

自然人除了通过各种方式将以上资产从个人名下剥离出去，常见的还有以离婚分割财产的方式将财产转移给原配偶。

从债权人的角度，我们需要注意观察债务人以上转移资产的行为。

另外需要特别注意的是，这个债务人不是仅仅需要支付款项的人，也包括给付产品等合同标的的人。

◆ 丧失商业信誉。商业信誉是商业主体在经商过程中积累起来的，人无信不立，社会对于企业的良好评价，表现为其在市场上享有的一定声誉和知名度，是能得到其客户信赖的。在中国人传统的观念里，好名声很重要，因为它代表着诚信，而支持诚信的则是企业的实力。

商业信誉是一个模糊的概念，其评估需要专业财务或者商业分析师的专业工作，一般的交易者无从判断。同时商业信誉受各种因素的影响也处于波动中，近年来上市公司披露的收购后商业信誉减值、暴雷的事情很多，为了防止商业信誉变化给合同履行带来大量的不确定性，法律对于商业信誉给予合同履行造成的影响进行了严格的限制，要达到丧失商业信誉的程度，才能引发不安抗辩权。

尽管商业信誉是一个难以精确界定的概念，就像一个人坏到什么程度才算坏人一样难以精确，但是若具体到某个人，还是可以有共识的。商业信誉的丧失也有个大致的共识。通常我们可以从以下方面进行观察：

> ◇ 品牌丑闻 ◇ 客户大量流失 ◇ 销售额下降
> ◇ 利润下滑 ◇ 股价下跌 ◇ 雇员大量流失 ◇

商业信誉既然作为一种社会评价，一般会体现为某种荣誉，例如"重合同守信用"称号，如果该称号被剥夺，那么可能是该企业商业信誉出问题的一个明显信号；被上市公司收购后进行大幅度商誉减值处理的；面对大量的负面舆情与批评鞭挞，企业如何应对也是观察其商业信誉的一个视角，如果企业强辩、无所谓甚至躺平，那么基本可以判断丧失了商业信誉。

◆ 有丧失或者可能丧失债务履行能力的其他情形。

导致不安抗辩权的原因有多种，前三种罗列的情况不足以概括全部，因此规定了一个"其他"条款，由企业根据具体情况灵活运用。此类情况很多，除了征信问题、诉讼、失信等共性的问题外，需要企业根据交易对手情况，形成符合自身具体情况的识别范围：

例如甲方制造某产品的核心技术为某专利，乙方向甲方订购该产品。丙方认为甲方侵犯其专利权，要求甲方停止侵权，不得使用该专利技术。一旦丙方的要求成立，那么甲方可能面临不能使用该专利技术从而无法生产某产品的问题，存在其无法交付产品的可能性。

又如某公司是大型化工生产企业，该企业因为环境污染被行政主管部门立案调查，可能面临停业整顿甚至被责令关停的风险。

再如某企业主要的客户是其母公司，如实控人发生变更，其业务可能受到很大影响，从而导致其财务状况发生极为不利的变化。

（2）不安抗辩权行权的谨慎判断。不安抗辩权行权（履行）基于当事人对于交易对手未来能力的一种判断，该种判断受制于搜集证据的难度以及各种信息的不对称程度，其正确性难以保证。法律要求行使不安抗辩权要有"确切证据"，我们认为这个更像一种提醒，对于行使不安抗辩权来说,控制风险或者违约是一个硬币的两面,风险客观存在,则行使不安抗辩权是控制风险的有力措施;不存在切实的风险,那么行使不安抗辩权的结果就是违约,所以不安抗辩权应当谨慎行使。

法律之所以既要设定不安抗辩权又要对其设定较为严格的行权要求,旨在平衡降低法律风险与滥用不安抗辩权的关系。

因此在实践上,当有不安抗辩权的担忧之时,需要一个严格的处置程序,我们建议:

◆ 应掌握充分全面的信息和证据;特别提醒大家注意,掌握的材料务必须全面,否则就可能陷入片面判断,出现失误。

◆ 不安抗辩权法律专业性比较强,建议相关部门和法律部门共同讨论判断,以作为决策基础。

(3)不安抗辩权的处理机制。处理机制包括如下两个方面的内容。

◆《民法典》处理机制的瑕疵。《民法典》第五百二十八条[1]规定当事人有确切证据时可以直接中止合同,通知对方,等对方提供担保后恢复履行。而在对

---

[1] 第五百二十八条:当事人依据前条规定中止履行的,应当及时通知对方。对方提供适当担保的,应当恢复履行。中止履行后,对方在合理期限内未恢复履行能力且未提供适当担保的,视为以自己的行为表明不履行主要债务,中止履行的一方可以解除合同并可以请求对方承担违约责任。

方没有恢复履行能力且未提供担保时,可以解除合同。

首先是"确切证据"存在操作上的问题。这个规定在证据比较明显的情况下适用。然而,有的风险虽是真实的,但难以在外在形式上有充分表现,那么就很难适用这个规定。而有的虽然看起来可能风险很大,但未必是真的风险。证据是否确切则是一个未定的问题,当事人认为的"确切"一旦错过,则要承担履约风险;一旦错认,就要承担违约风险。

所以"确切证据"是一个难以确定的问题,在这个基础上直接中止,当然可能产生风险。

◆ 我们的改进建议:先通知对方提供担保。如果对方认同了不安抗辩权的合理性,则双方能够就担保达成共识,就可以避免判断失误产生的违约风险。否则,再进一步研判是否中止合同。

解除要慎重。同中止一样,解除合同的前提也是建立在"有确切证据"的基础上,理由同上。

但当对方真的出现解除条件的情形时,自己一方继续履行合同则可能面临较大的损失,大量的审判实践也证明了这个结论。

不谨慎则可能因为判断失误而导致发生违约行为,不果断则可能产生因对方违约而导致损失的风险。不安抗辩权总是存在风险,这种风险难以回避,因此不安抗辩权的基本原则是:谨慎、果断。

第四节
对交易对手能力的持续监控

合同履约是一个持续的过程,交易对手的履约能力的维持也应该是个持续的过程。如何识别交易对手的能力,这点我们在行为能力部分已经做了比较详尽的分析,大家可以参考该部分的内容。

随着合同履行过程的展开,合同双方需要承担的义务是一个逐步减弱的过程,因此对于履约能力的要求也是越来越低的。维持合同履约能力是一个动态的过程,其强度要求也是一个渐变的过程,此点应在实践中灵活把握。

这里我们需要提醒大家的是,交易对手除了直接的交易对手外,还包括担保方以及通过债务加入的第三方等。

动态监控需要真正落实,有据可查。

对于能力的持续监控当然不能像大马路上的监控视频一样二十四小时不间断地将对方的行为纳入视野,但对交易对手行为能力的监控依然是可行的。现代数据技术为我们查询和监控提供了自动手段。即便利用人工手段,根据交易对手的情况和义务的轻重缓急,定期查询了解其相关信息并记录在案,也是完全可行和完全必要的。

不少企业在这方面的细节管理中很不到位,一些企业对于债务人消失的情况居然毫不知情,还有的忽然就接到了债务人破产的通知,这就意味着对交易对手的行为能力的监督已经完全失控。

在实践中,切忌对动态监控只有泛泛的要求,例如要求员工对于交易对手的情况进行检查之类的原则性规定,需要精确到在什么平台上进行检查,检查哪些内容,如何记录并保存检查结果,如何对于检查结果进行评估,发现风险怎样及时预警等。

这个监控一般是由经办人即行为决定者负责,例如发货环节,谁执行发货,谁是决定者。这个决定的行为不仅是经办人员的认知,更要成为公司决策的依据,这个记录应保存上传到公司管理系统,公司根据对于系统的管理决定如何采取进一步的措施,降低企业风险。

建议企业对如何进行动态监控要有翔实的、有操作性的动作手册。

一、行为能力的持续监控解决什么问题

在第三节我们论述了行为前的监控问题,那么对交易能力(含交易意愿)的持续监控能解决什么问题呢?

1. 及时行使权利

由于交易对手能力可能发生不利的变化,可以及时行使权利。例如《民法典》第四百零六条第二款、四百

零八条[1]关于抵押物处分可能影响担保能力、抵押物价值减少而又不恢复或者提供抵押物的，可以要求其提前偿还债务。

与此类似的还有第四百三十二条、第四百三十三条关于质押的规定。

有些权利的行使在正常状态下可能相对比较从容，但交易对方能力发生变化的时候，就需要加大力度和加快进度来进行了。

2. 控制进一步的损失

在第三节中我们考察的观察点是行为起始点，但若从企业经营的过程来考察合同管理，我们就会发现这个观察点是不够的，需要观察整个过程才能比较完整地实现对于风险的控制。

在我们行为之前，是有一个行为的准备阶段的，就像你交付产品，那么在交付之前有一个生产加工的过程，这是一个价值形成过程，是要投入的。特别是对于特定物而言，这个事情更为重要，例如加工承揽的特定物，对方

---

[1] 第四百零六条：抵押人转让抵押财产的，应当及时通知抵押权人。抵押权人能够证明抵押财产转让可能损害抵押权的，可以请求抵押人将转让所得的价款向抵押权人提前清偿债务或者提存。转让的价款超过债权数额的部分归抵押人所有，不足部分由债务人清偿。
第四百零八条：抵押人的行为足以使抵押财产价值减少的，抵押权人有权请求抵押人停止其行为；抵押财产价值减少的，抵押权人有权请求恢复抵押财产的价值，或者提供与减少的价值相应的担保。抵押人不恢复抵押财产的价值，也不提供担保的，抵押权人有权请求债务人提前清偿债务。

可能无法付款取货,你却还在不停地投入加工,等交货时候再来以抗辩权为由拒绝交货?当然可以,那这个产品既收不到对方的货款又无人需要,岂不是自己承担损失?

再看一个设计的例子,初步设计通过后进入深化设计,如果对方的履约能力发生了变化,你当然可以将深化设计成果扣在自己手里不予交付,但是如加工承揽的例子一样,同样是造成了损失。

与价值形成类似的货币资金交付也是一样的道理,如果你要融资去购买设备,必然产生融资成本,但如果对方交付设备的能力发生了巨大变化,你是选择融资后不支付还是干脆放弃或者放缓融资呢?

从上面的分析中,我们可以得出如下结论:对于交易对手交易能力的变化也应该是个持续观察考察的过程,不安抗辩权的行为起始点的状况只是其中一个考察节点而已。我们在实践中往往忽视了行为成果的形成过程和与之相应的价值形成过程,也就是企业内部生产过程,这样就割裂了行为成果与形成过程的关系,导致法律风险管理的片面性和断裂。你根据技术协议的各项参数为交易对手生产设备,当交易对手已经被法院执行,此时你会继续生产,等着交付时以不安抗辩权拒绝交货吗?真的这样,那时候设备可能只能废物回收了。这个例子我们就可以观察到交易能力的持续监控与价值风险控制的内在关系了。

二、从内部逻辑上再次理解抗辩权

从价值控制的角度来看，后履行抗辩权、先履行控制权、同时履行抗辩权只是价值形成与释放的不同阶段，释放的价值有一个形成的过程，如果形成的价值不能按照合同约定实现则必然面临风险，因此最好的办法就是法律风险的控制介入价值形成阶段的过程。这就是我们为何看到生产经营过程虽然属于内部运营，但是依然要纳入风险控制过程的原因。

与此类似，送达内部流转也是内部管理程序，为何要纳入合同法律风险控制的程序？因为它们的结果都与合同履行有关，其结果与合同法律风险有关。而处分一个履约失误的员工，其结果则与合同风险没有关系，所以无须纳入合同法律风险的管理过程。

第五节
关键点管理

合同的内容复杂多样，可以说每个点都需要管理，若都能有效管理自然最好，但做到这一点却不容易，成本可能极大。因此，"抓牛鼻子"是重要的工作方法，即抓住主要矛盾，对关键点进行有效管理。

所谓关键点是指对于合同权利义务有重大影响的

点。"重大影响",主要是指引发合同解除、权利丧失、义务扩大或者承担较大违约责任的重大事项。何为重大事项,需要根据具体合同的情况分析确定。

这里我们是以交易一方的管理进行讨论的,同样的道理,该事项也是交易对手的关键点,其管理逻辑是一致的,不再另行论述,请读者注意。

一、可能导致合同解除的事项管理

合同解除分为法定解除条件和约定解除条件。

(1)约定的解除条件比较明确,企业所要做的是尽量控制解约事件的出现。例如合同约定:"逾期发货超过20天的,甲方有权解除合同",那么逾期发货的时间要控制在20天之内,在合同的管理系统中要作为一个重要的管理节点,这种管理要设置较长时间提前量,以防合同解除的重大风险。

(2)法定解除条件则比较难以掌握,在《民法典》第五百六十三条规定了法定的解除合同的情形[1],共五

---

[1] 第五百六十三条:有下列情形之一的,当事人可以解除合同:
(一)因不可抗力致使不能实现合同目的;
(二)在履行期限届满前,当事人一方明确表示或者以自己的行为表明不履行主要债务;
(三)当事人一方迟延履行主要债务,经催告后在合理期限内仍未履行;
(四)当事人一方迟延履行债务或者有其他违约行为致使不能实现合同目的;
(五)法律规定的其他情形。
以持续履行的债务为内容的不定期合同,当事人可以随时解除合同,但是应当在合理期限之前通知对方。

项。其中第一项不可抗力导致合同目的无法实现和第二项交易一方不履行义务故意造成解除合同条件管理空间不大。第三项迟延履行主要债务，经催告后在合理期限内没有履行；第四项当事人一方迟延履行或者其他违约行为导致合同目的无法实现的，这两者都是应当进行主动管理的。第五项是法律规定的其他情形，这个问题有一定的难度，要根据自身交易的具体情况发现具体的法律规定并纳入关键点进行重点管理。例如依据《民法典》第六百三十四条第一款规定[1]，分期付款的买受人未支付的到期价款的数额达到全部货款的五分之一的，出卖人可以解除合同。

类似的法律规定分散在不同的法律法规中，企业应根据发生的具体合同，对于相应的法律法规进行查询，防止出现法定解除事项的管理盲区。

二、导致权利丧失的事项

合同的权利根据合同约定或者法律规定而取得，同样也可能因为合同约定或者法律规定而丧失。

同解除合同类似，合同中明确约定的权利丧失的情况比较容易发现。但是我们需要注意的是，合同中并不

---

[1] 第六百三十四条：分期付款的买受人未支付到期价款的数额达到全部价款的五分之一，经催告后在合理期限内仍未支付到期价款的，出卖人可以请求买受人支付全部价款或者解除合同。

一定明确表示权利丧失,我们可能就会产生管理误区。例如合同约定了检验货物的权利,并约定了检验期限,但是没有明确逾期的后果,但如依照法律规定,逾期则视为异议权的丧失。这种期限系约定,但逾期后果适用法定条款时比较容易产生管理误区,是务必要加以注意的。类似的还有约定的撤销权等。

同解除合同事项一样,权利丧失的法定情形依然是管理的难点和重点。其解决方案同上。例如建筑物竣工验收之前,业主擅自使用,视为合格,那么业主就丧失了质量检查的权利。

我们列举几种情况,以帮助大家理解这个问题。

1. 期限的管理

时间是交易中的一个重要因素,在合同法律风险控制上表现为期限管理。期限基本分为以下几种类型。

(1)约定期限。在合同履行过程中,一般存在确认或者异议的问题,交易双方会约定一个期限,例如买方接收标的物后对于瑕疵提出异议的时间。

(2)法定期限。一般情况下约定优先于法定,但有些情况下交易双方没有对期限进行约定,这个时候则适用法定期限,如大家熟知的诉讼时效、撤销权期限等。

(3)合理期限。在既没有约定期限,也没有法律规定的期限的情况下,也不意味着权利可以无限期存在,毕竟不确定的状态只能是暂时的,否则就难以构建高效率的交易秩序。在这种情况下，由最高人民法院以司法解释的方式，或者在案件审理中通过审判确定一个合理期限。当然如果你没有约定期限，在该事项没有法律规定的情况下，可能就是该事项的第一个案例了。

不管确定合理期限的因素有多少，其原则都是指向效率的。

2. 期限查询

经营人员往往更多重视到实体权利，对于期限认识不足，更难以明确认识其法律后果。以标的物的检验为例，合同约定如有异议应五日内通知卖方。买方相关部门的同志忽视或者不够重视期限问题，结果到了第七天才通知对方，那这个异议已经不可能发生法律效力了。

因此，对于期限问题要分类处理。

对于有比较明确约定的，直接根据合同的要求即可确定；否则，就根据交易的具体情况处理。对于有法定要求的，这种情况要检索相关的法律规定。

这里要注意的是，对于合理期限的管理有一定的难度，有三种情形：

◆ 要查询相关的司法解释。

◆ 如司法解释没有涉及，则查询案例。但案例是不能作为争议审判依据的，也就是不能作为确定期限的依据，只能作为参考，这个是要注意的。

◆ 如果司法解释和案例都没有涉及此类事项，那么您就不能等着"成为案例"了，建议作为特殊事项重点管理，一旦出现相关情况，尽快行使相关权利。

由专业人员结合法律的规定特别是司法实践，发现合同没有约定的期限内容，同时要根据司法解释、判例等确定合理时间并纳入管理。与此同时需要注意的是合理期限可能是变动的，要注意更新。

3.导致权利丧失的行为

合同是有其一定的目的的，例如买了电脑就是要使用的，建了大楼要也是为了使用。特别是某些行为看起来是企业单方面的行为，是与合同无关的，就更容易被误解。但在合同履行中，某些行为发生的前提意味着对于此前履行合同行为权利义务状态的确定，例如业主使用已经建成的建筑物，如未经验收即擅自使用，则被视为验收合格[1]，这个对于企业来说，是个很大的风险，丧失了对于可能存在的质量问题的救济权利。

另外要注意的是，本身就是确定某种状态的行为，此种行为作出之前，必须进行状态确认，防止出现被推定为对交易对手履约瑕疵的认可。例如签收送货单、确认单的行为[2]。

---

[1]《最高人民法院关于审理建设工程施工合同纠纷案件适用法律问题的解释（一）》第十四条：建设工程未经竣工验收，发包人擅自使用后，又以使用部分质量不符合约定为由主张权利的，人民法院不予支持。

[2]《民法典》第六百二十三条：当事人对检验期限未作约定，买受人签收的送货单、确认单等载明标的物数量、型号、规格的，推定买受人已经对数量和外观瑕疵进行检验，但是有相关证据足以推翻的除外。

三、默示条款

所谓默示就是沉默即被视为认可对方的主张[1]。那么沉默是你确实认可，还是你因为疏忽没有作出不予认可的情形呢？所以默示条款存在一种极大的可能：因为疏忽就把自己给坑了。

默示条款的产生来源于当事人的约定、法律规定或者双方当事人之间的交易习惯。因此在默示条款问题上企业员工应首先检查合同是否有此类约定；法律规定属于特殊情况，此类事情建议不要指望员工能通过查询自行掌握，需要公司根据交易情况进行查询，纳入管理范畴；而交易当事人的习惯则需要公司对于经常发生交易的客户进行管理，查明相关行为是否已经形成了默示。

例如一般的工程施工合同会约定，业主收到竣工结算报告后 28 天没有答复，根据合同条款即视为认可结算报告。很多企业联系人收到报告，内部几经周转才交到财务或者审计部门，这些主管部门可能根本来不及看，或者慢慢核对去了，过期忘记答复了，这就意味着施工方的结算报告被承认。

---

[1]《民法典》第一百四十条：行为人可以明示或者默示作出意思表示。沉默只有在有法律规定、当事人约定或者符合当事人之间的交易习惯时，才可以视为意思表示。

其实处理对策很简单，在期限到来之前，直接否定该报告即可。不信大家去看看涉及竣工结算金额的纠纷，有多少是被核减掉的啊。

默示多数是基于约定，我们建议在文本阶段，就尽量避免默示条款，但这个治标不治本，因为合同的最终文本是双方博弈的结果，很难单方面决定；所以必须在合同履行中进行重点管理。

默示的情况还是比较多的，如《民法典》第六百二十一条中关于质量数量瑕疵通知的问题[1]，一些交易习惯中的默示等。

四、其他关键点

什么是关键点，既与交易的具体情况有关，也与相关法律规定有关。我们特别指出这个问题，可不是故意卖关子，而是以上的列举或者说明具有指导性意义，并不能穷尽现实的所有情况，因此需要特别提醒企业注意关键点范围的不确定性，扩大关注范围。

---

[1] 第六百二十一条：当事人约定检验期限的，买受人应当在检验期限内将标的物的数量或者质量不符合约定的情形通知出卖人。买受人怠于通知的，视为标的物的数量或者质量符合约定。
当事人没有约定检验期限的，买受人应当在发现或者应当发现标的物的数量或者质量不符合约定的合理期限内通知出卖人。买受人在合理期限内未通知或者自收到标的物之日起二年内未通知出卖人的，视为标的物的数量或者质量符合约定；但是，对标的物有质量保证期的，适用质量保证期，不适用该二年的规定。

在第八节陷阱防范中,我们还会论述的对账单、还款计划等均属于关键点之列。

第六节
衍生义务的管理

所谓衍生义务是指合同出现偏离的情况下,没有过错的一方应当承担的义务。通常情况下,大家在理解义务的时候,总是会认为当对方出现偏离特别是违约的情况下,守约方会享有权利,就像卖方发了货而买方拖延付款,那么卖方除了有收取货款的权利,还会有什么义务吗?这个直观的发现适合绝大多数情况,但是我们往往会以偏概全,忽视了另外的情形,也就是虽然自己一方没有责任,但也会发生义务的情形。

例如不可抗力,受到不可抗力影响的一方,很容易认为不可抗力不是自己的过错,他容易记住的是免责的法律规定[1]。但是恰恰忘记了通知的及时性义务[2]。如果我们认真研读《民法典》第五百九十条,我们会发

---

[1] 第一百八十条:因不可抗力不能履行民事义务的,不承担民事责任。法律另有规定的,依照其规定。

[2] 第五百九十条:当事人一方因不可抗力不能履行合同的,根据不可抗力的影响,部分或者全部免除责任,但是法律另有规定的除外。因不可抗力不能履行合同的,应当及时通知对方,以减轻可能给对方造成的损失,并应当在合理期限内提供证明。

现一个很有趣的时间安排：首先是通知，必须及时；其次才是提供证明，其要求是合理期限。从两种不同性质的行为要求的先后顺序和时间要求，我们可以理解到衍生义务的立法精神：以最大的善意处理偏离，控制损失。

这个立法精神我们在《民法典》第五百九十一条[1]的规定中可以更明确地感受到。当对方违约的时候，守约方一般会认为这个是对方违约，总有人买单。守约方往往忽视了由此也产生了自身的额外义务，即守约方应采取适当措施防止损失扩大，否则造成的扩大损失是要自己买单的。

如我们所阐述的，衍生事项是在偏离的情况下发生的，此种情形下一方并没有合同上的过错。在上面我们分析了衍生义务的立法精神，通俗地说我们在偏离发生时候，在自己一方对于偏离没有过错的情形下，要特别加以注意：

第一，要注意克服无过错即无义务的常识误区；

第二，在此种情形下，需要尽快反馈到法律部门，由法律部门作出判断并指导后续的工作；

第三，建议公司设置衍生义务管理清单。

---

[1] 第五百九十一条：当事人一方违约后，对方应当采取适当措施防止损失的扩大；没有采取适当措施致使损失扩大的，不得就扩大的损失请求赔偿。

第七节
检查权

从对交易相对方行为的感知来看，行为分为两种：一种是互动的，行为指向对方，一方的作为会为对方所感知，不作为也会为对方所感知。如付款与收款，提交设计草案之类，验收之类。一方付款对方会收到，而不付款对方也能发现对方没有按期付款。

而另一种情况则并不指向对方，该行为在合同双方并不是互动的，对方无法直接感知，或者无法依据合同并结合其他情况判断其违约与否。此种情况下违约就变成一个隐蔽事项，因此这种事项，一方需要及时检查才能发现。这个就涉及合同控制权中的一个重要的权利或者手段，即检查权。

在以权利义务为基础的解读方式下，我们不太容易做出这个分类，在行为模式下则比较容易进行此类分类，并且比较容易实现对于此类合同风险的识别和控制。

试从我们常见的合同中说明：

租赁合同一般有这样的条款，即未经出租人同意，承租人不得改动承重结构。但是否改动，则不是出租人能从表面判断出来的，所以必须到了现场检查才能发现。

融资租赁合同，为了保证租赁设备的安全，往往会在合同中约定在设备明显处张贴或者喷涂融资设备字样的标志，以防止被承租人擅自处分给不知情的第三方。但是这个标志是不是被除掉，只有现场检查才能发现。

不同的交易会有不同的表现，如租赁合同承租方改动承重结构、承包方转包等。

此类情况下，检查是必要的手段。在实践中，需要根据情况设置检查权行使的制度，及时发现违反义务的情形并采取措施。

第八节
陷阱防范

文本是一个博弈的过程，履行合同过程中同样存在着博弈。兵不厌诈，有博弈就有陷阱。当对方处于不利地位或者存在瑕疵的时候，总会采取相关措施来消除这种不利局面。这种消除方式可能不太会是开诚布公的无技巧行为，往往会以比较隐蔽的方式进行，让你在不知不觉中陷入对方的圈套中。

因此在合同履行中控制法律风险的一个重要点是防范陷阱。

一、对外出具文件要谨慎

此种情况分别存在于文本和履行事实两个方面，我们分别解析。

1."漏洞"管理的风险

合同约定不明、存在歧义或者没有约定是合同中常见的问题，随着合同的展开，这些问题就可能为合同一方或者双方所认识到。善意的解决方案是找到公平的方法来解决文本遗留的问题。但是一般来说，这种文本瑕疵可能对于其中一方是有利的，那么在利益衡量之下，处理起来就具有复杂性了。

一般来说，这些补正是合同履行中的操作问题，往往会由合同的具体业务人员来完成，我们实践中经常看到交易双方的业务员通过相互沟通和协商来解决此类问题。双方业务人员都是根据个人认识水平来进行沟通并达成补正意见的吗？未必！

从笔者和不少同行的经验来看，业务人员可能只是一个表演者，台词都是经过幕后的法律工作者分析论证的。别人在背台词，而你的业务人员则是凭自己的认知做事，你说最后吃亏的大概率是谁呢？

处理对策：这种瑕疵的补正，与文本阶段去协商确定相关内容已经有根本不同了。文本阶段大家都没有负担，大不了合同谈不成，但是当进入履行阶段，双方已经有了各种权利义务，或者需要面对已经部分履行的合同结果，这种瑕疵如果不能协商补正，那么若按照法定原则补正，势必有一方会处于不利地位。

合同履行往往很简单，即便有些文件也是签署收货单、验收之类的文件，而很少对于合同内容本身再进行交流。如果对方的意见表现为对合同文本的说明或者解释、合同相关细节的争议和协商、相关函件往来等，那么此时则需要加以注意。

遇到此类情况，业务人员需要报送法律部门，进行初步的法律分析和论证，如合同签订的审查程序一样，进入法律审查程序。而从公司管控风险的角度来看，对于任何出具的文件，不能仅仅停留于形式审查，而是需要法律部门搞清楚这个文件出具的原因和背景，结合基础资料进行分析。

2.谨慎确认对外文件

输掉官司，通常与一些法律上的瑕疵有关，一旦这些瑕疵弥补上了，未来官司也就可能转败为胜了。

证据方面瑕疵是败诉的很重要的原因。因为法律风险控制不到位，证据不全或者达不到证据要求的情形并不鲜见。例如相应的证形成不充分，送货但没有收货凭据，或者收货凭据只是个人签字而没有单位盖章；证据形式有问题如个人签字潦草难辨认，有些企业去打官司居然无法指正收货人是何许人也。或者虽然有收据，但是自己一方保管不慎丢失了，那么将来诉讼时必然会面临不利的结局。

如果我方处于此类境地，当然要实行积极管理，有时候一方就会利用对账或还款计划之类的方式，来固定证据。

那么角色互换，如果对方提出此种情况，我方应该如何面对呢？

一些企业之所以掉入"陷阱"，究其原因，基本上都犯了"想当然"的错误。把客观事实与法律事实混淆了，把法律事实当成了不证自明的东西。还有一种是不好意思，我们不能不说好意思有多恶意，但是不好意思却可能使法律上的权利丧失。

我们发现这些情形发生的前提是对有些问题是认为自然存在的，例如送货，你接受了对方的货物，自然认为送货是存在的事实；而还款计划的前提也是默认欠款数额是已经确定的。也许对方已经丢失了送货的证据，那么将来主张款项打起官司来风险很大。此时对方催款，要求给出还款计划而不是立即动手打官司，看起来既友好又宽容，但其根本目标则是确认还款数额，还款计划只是一个障眼法而已。

有些"想当然"会让你想不起来对方证据可能存在瑕疵的问题；"不好意思"则让你丧失了行使权利的机会。明明收了货，你怎么好意思问对方是不是保留了证据？这不好意思往往就成了对交易对手的"配合"，帮助其消除了瑕疵。

对于此类文件背后真正的法律目的和意图，专业法律人员往往更容易看得清楚，此类文件应当纳入法律审查范围，同时公司也应将此类事件纳入关键点进行管理。

二、行为问题

上面我们讨论的是对外文件问题，文件因为有个流程管理，比较显性，因此比较容易管理。

但是企业运营中的问题实在是太多了，不可能都是以文件的形式体现的，更不可能所有的文件都要汇总到法律部门。例如企业对外付款，有千万笔，怎么可能都要法律部门去过一遍呢？

有些问题就是以行为的方式来进行，那么如何管理？这里我们以诉讼时效来进行一个说明。

天上会不会掉馅饼呢？完全可能。在实践中其实馅饼也还是不少的。例如对方基于各种各样的原因就把时效给搞过了，或者证明不了尚在时效，从法律上说，这个欠款就可以不偿还了，这岂不是天上掉下来一个馅饼？

问题是我们很多企业对于这个方面的法律意识还是不到位，特别是具体的经办人员缺乏从法律上认识诉讼时效的意识，如果再加上制度上没有设置有效的控制措施，那么一般的工作人员是无从意识到"馅饼"已经在手的。只要能不马上还款,给个还款计划,出点小钱打发或者提供兑现不了的商业承兑汇票什么的。但是岂不知如此一来,诉讼时效的瑕疵就不存在了,立马使自己处于比较被动的地位。

当然,这只是举个例子,并不是教你诈,也不是教你赖。在对于对方权利已经失去的基础上和仍享有权利的基础上解决问题的策略和结果肯定是不一样的。

对于诉讼时效已经丧失的情况,如果对方要求你支付现金,那肯定很困难,被逼急了,你就可能提醒对方时效已经丧失的这个问题。但有时候对方提出付少量现金或者商业承兑汇票,使你觉得没有现金流压力,也就同意了对方的提议,那么此时诉讼时效的瑕疵就消失了。

从某种意义上说,这个也是关键点管理,但是由于付款次数太多,而且经办人员会有频繁变化,我们在非诉讼催收过程中遇到的案例有的都有了十几年账龄,经办人员也换了几茬,让他们搞清楚这个问题的确是个很不容易的事情。

在法律风险控制手段中,我们建议对于债权建立诉讼时效管理体系,那么参考这个控制措施,也可以针对债务反向建立诉讼时效管理体系,针对往来情况,对于债权人的诉讼时效建立控制体系,在决定付款前查询该系统。

其他类似情况还有撤销权、解除权的时效，担保时效等。

三、总结

陷阱防范是一个极为重要的问题，对于合同文本与履行中存在的瑕疵，权利的丧失的情形，对方可能会分别采取相应的隐蔽的策略设法补救，将导致这些问题会变得比较复杂，识别难度变高。因此除了依靠员工的自身素质，更多的是依赖于公司的统一管理，通过建立专项风险控制体系和关键点管理的方式防范可能出现的陷阱。

第九节
不要拒绝馅饼

对方权利的丧失或者瑕疵可能是一个馅饼，那还有没有其他馅饼呢？答案是肯定有的，只是我们一些企业可能忘记了。

如第八节防范陷阱的情形，对于债权人来说，对方具有还款的行为，无疑就是一个大大的馅饼，但是不是可能擦肩而过呢？完全可能。例如债权人觉得还款进度慢、不接受实物还款等，岂不知这种拒绝，造成的可能是权利的彻底丧失。如果诉讼时效丧失,任何还款的行为或者意思表示都是有利无弊的,起码是把丧失的权利恢复了。

企业总是强调要现金回款,拒绝商业票据或者实物,这个是完全可以理解的,但是如果不加区分地予以运用,那么很可能就与天上掉下来的馅饼擦肩而过了。

当债务人偿还能力很差,甚至可能丧失偿还能力的情况下,接受商业票据不失为一个很好的选择。当然我们说的票据不是当事人作为出票人的票据,而是背书转让的票据。商业票据对于前手的追溯力决定了承担债务的主体的增加,每一个前手对于其后手而言都有债务加入的法律后果,作为后手,你可以要求前面所有的主体承担付款责任,这样无形中增加了追回款项的机会。

第十节
要式行为管理

有些法律行为的生效或者对具有对抗第三方的效力,必须符合一定的形式才行,在法学理论上称为要式行为。要式行为这个表述有点晦涩,通俗地讲,就像宣布结婚还不够,还必须领取结婚证才行。

抵押是大家熟知的典型方式。

担保类的质押、股权转让的登记、专利转让以及不动产、车辆、船舶的转让的变更登记等均具有此类要求。

要式行为是基于法律规定，对此需要公司的法律管理部门梳理法律规定，比对本公司交易情形，有针对性地发现并进行管理。

从管理者的角度来说，除了清理管理盲区，制定要式行为清单。还要从制度层面上制定规则体系，例如将抵押的等级要求和步骤程序化，通过手册等形式强化管理，确保权利落到实处，使自身的法律权益得到充分的保障。

第十一节
变更的通知义务

此变更与协议中的权利义务变更不同，主要与合同履行有关，但有些与实体权利义务没有实质性关联，但对于交易的执行又产生比较重要的影响的信息。

此类信息需要纳入管理，及时通知交易对手，否则可能导致严重的法律后果。

总的来说，信息分为以下几类。

1. 沟通渠道信息

交易的顺利执行,其中一个重要的条件就是信息渠道顺畅有效。例如代理人变化、通信地址变化、电子邮箱地址变化、电话变化等。这些是双方的信息收发渠道,没有及时通知发送方信息变化而导致不利后果的,这个不利后果由接收方承担。

例如邮箱变化,通知发送后即便该邮箱已经不是联系邮箱,那么同样视为通知已经送达,显然这对于变化方是不利的。

2. 涉及合同履行的信息

有些变化会影响到合同履行,是一个实际操作问题。例如地址变化,可能导致卖方无法交货;企业分立合并,也可能导致履行困难。

3. 涉及交易安全、目标的信息

公司都是独立的法人,但是这个独立又不是绝对的,一个公司的存在、发展和相关的企业例如实控人、重要股东、核心人员等的参与和支持是分不开的,这些因素的变化往往会对生产经营发生影响甚至是重大影响,从而影响交易安全。

例如贷款合同,应特别注意控股股东的变化,未经银行同意,公司变更控股股东,银行可以提前终止合同。同样,投资合同也有类似问题。

4. 代理人相关信息变化的信息

代理人及代理权限方面出现问题,这个比较多见。

一般来说,合同文本上都会有联系人或者授权的代理人。在合同履行中代理人变动而没有通知对方,则原代理人恶意利用原授权可能会给公司带来风险。交易对方因为不知情而向原代理人发出的任何通知之类,通常会被认为有效。

代理人变化包括代理人人选或者权限的变化,特别是权限变化,更需要及时通知对方。

有些企业之间长期发生交易,其代理人固定不变,还有的是订立一个框架合同,之后交易不一定要再单独订立书面合同,在这种情况下,如果没有及时通知,那么极容易被认定为表见代理,也就是对方基于交易的习惯安排而认为原代理人依然有代理权限。

第十二节
侵权的管理

合同与侵权是两大领域,看起来侵权与合同法律风险似乎风马牛不相及。但实际情况并非如此。这个问题主要出现在知识产权领域。

广告合同中,广告制作方的图案、文字等,未经版权人授权，运用了第三方的作品，就侵犯了第三方的权利。此时，合同的制作方、广告的业主方均存在侵权的问题。奥迪、小鹏广告侵权案件中，就存在着此类问题。

对于广告合同的制作方，涉及知识产权问题需要用之有据，如一张照片、一句台词从何而来，原始出处在哪里？搞清楚这个问题才能进一步解决是否有使用权的问题。

而对于业主方来说，同样也需要制作方回答上述问题。如何实现这个控制？我们在抗辩性思维章节中也曾经有所论述，此处不再赘述。

与此类似的，还有专利、商标等权利的侵权，当然专利的侵权监督和控制难度更大，我们特别提出侵权问题，是提醒企业注意合同领域存在着侵权问题，不要忽视了这种风险。

第十三节
前置程序管理

在合同行为的构成中，有些是实体的，有些是程序性的。这些程序性的行为往往是引发实体权利的行为的前提。在没有履行程序性的行为之前，直接行使实体权利的行为往往是无效的。

这种情形一般表现为通知、催告等。例如《民法典》地役权的解除合同程序[1]，以行使是否有前置条件。还有的前置条件是合同约定的，例如从交易的卖方角度来说，例如租赁合同，如果我们在承租人的角度来看，我们往往会建议对于拖欠房租的，经书面催告后未在一个月（酌定）内支付欠款的，出租方有权解除合同，实际上这是对出租方的解除权设定了程序性限制，那么出租方行使此项权利时就要注意该前置程序了。

第十四节
提存的风险控制

提存控制是一种特殊的价值控制。

1.提存的条件

提存是债务人履行债务的一种方式，是债务人将标的物提交给提存部门以完成义务，当标的物不适合提存或者提存费用过高时，则将标的物拍卖或者变卖，提存所得的价款。

---

[1]《民法典》第三百八十四条规定，地役权人有下列情形之一的，供役地权利人有权解除地役权合同，地役权消灭。其中第二条：有偿利用供役地，约定的付款期限届满后在合理期限内经两次催告未支付费用。

提存在《民法典》第五百七十条规定的特殊情况下适用。这些特殊情况为：债权人无正当理由拒绝受领；债权人下落不明；债权人死亡未确定继承人、遗产管理人，或者丧失民事行为能力未确定监护人；法律规定的其他情形。

2.提存可能发生的法律风险

提存发生的时候，债务人与债权人可能存在两种关系：

（1）债权人已经支付对价，债务人只是履行债务；

（2）债权人对于债务人也有到期债务，或者尚有货款没有支付。

提存的法律风险在于：

（1）疏于通知。依据《民法典》第五百七十二条，提存发生后，要及时通知债权人、继承人、遗产管理人、监护人、财产代管人。

（2）疏于行使拒绝债权人无条件提取提存物的权利。

债务人与债权人之间具有第二种关系的前提下，《民法典》第五百七十四条规定，该债权人履行债务或者提供担保前，提存人可以要求提存部门拒绝债权人提取提存物。

有些债务人为了履行义务，往往一提了之，忘记自己还有行使要求对方履行义务再提取提存物的权利。这个是要式行为，必须由债务人提出，否则提存部门不会拒绝债权人提取的要求。

具体建议：要求提取时提供担保或者履行债务的条件为存在到期债权。这里需要注意前述时间点与提存时间可能不一致，建议在提存时，债务人债权尚未到期，或者债权人尚欠货款的，均可以设定拒绝提取的条件。

第十五节
应收款的处理策略

应收款一直是企业运行中令人头疼的问题，从一些破产或者濒临破产的企业情况看，这些企业特别是生产制造型企业因为现金流出现问题陷入经营困难甚至破产，而同时该企业却存在巨额的应收款。这些应收款即便没有导致前述严重后果，也有很多应收款变成坏账，给企业造成很大损失。

之所以出现这种情况，与企业的应收款处理策略有很大的关系。

一、"投鼠忌器"的误区

"酒香不怕巷子深"的时代早已远去，市场就是企业的生命线。催款是必须的，但是处理不好就会得罪甚至失去客户，影响市场，这正是企业投鼠忌器的地方。

然而企业必须面对的事实是：尽管销售人员或者商务部门催收时已经小心翼翼，但是到了一定时候必然遇到瓶颈，个中原因我们不展开分析；而借助于律师，又担心律师介入影响了与客户的合作关系，失去了客户与市场。我们经常发现一些企业急吼吼要求发律师函，接着就是起诉。在内部催款和诉讼两个手段之间几乎没有过渡期，可想而知其客户维护的结果几乎都不会太理想，往往受到严重冲击，甚至是失去客户。

通常企业会把催款控制在公司催收的范围，轻易不会交付律师，而一旦感觉风险极大，再诉讼可能为时已晚。

企业自己的催收陷入困境，诉讼又大概率失去客户，似乎无解？我们团队有一个工作组多年来从事催收业务，实践经验告诉我们，问题不在于律师介入，而是律师的催收理念和做法。建设性地催收往往能够起到兼顾快速回款与修复与客户关系的目的[1]。

企业面临困境的原因既有上述理念的限制，又有律师服务供给侧的关系，市场需要更多具有建设性的催收理念和能力的律师满足企业应收款业务的需求。

限于篇幅，本书不展开阐述，我们希望企业能够

---

[1] 这个问题，笔者为企业进行过专题讲座。建设性催收之所以奏效，其基本原因在于：(1)打破对方的心理定势和情感排斥；(2)能够厘清法律问题，不会被"一棍子打懵"；(3)理顺并妥善处理欠款的成因与处理中的负面因素；(4)团队投入与讨论克坚；(5)与企业业务人员配合，修复客户关系。

认识到从企业催收到诉讼有一个很重要的环节：律师的非诉讼催收。即便有些律师简单的发律师函，生硬的诉讼威胁破坏了非诉讼催收的作用，但是企业要认识到这个是律师工作方法的问题，而不是非诉讼催收本身的问题。建设性的非诉讼催收应该是解决催收"最后一公里"的重要的积极手段。

二、时机把握失误

在许多企业管理者眼里，"不打不相识"这句箴言并不适用，对于应收款总是心存幻想，对于强化催收措施，一拖再拖，直到债务人失去还款能力。等到发现债务人不行，想要加大力度的时候，大家已经蜂拥而上，打了官司也只是收到一个判决书形式的白条，坏账就这么产生了。

心存幻想、错失时机是应收款管理中一个非常严重的问题。及时下决心下力度，就算企业目前情况不好，你还可能等来转机的红利；而晚了，你就错过了机会。我们通过公开信息观察一些破产企业的情况，你会发现之前的几年这些公司总有诉讼、撤诉、执行、结案。这反映了什么呢？这说明是有债权人抓住机会的，已经把欠款收回来了。

非诉讼催收同样面临这样的机会。为什么同是天涯沦落人，有的继续沦落，有的上岸了？时机问题。

三、解决对策

我们已经指出了"投鼠忌器"可能引起的负面结果。因此企业在应收款的问题上,应注意两个转变。

(1)催收主体由公司业务人员到商务人员的转变,由商务人员到律师的转变;企业催收的主体首先是业务部门,有商务催收部门的,可能之后会内部转入商务部门。

当迟迟不能回款,或者虽然回款,但按照进度需要20年的时候,实际上已经到了"换人"的时候了。如果你的业务人员之前去催款,还能喝到五粮液,现在连农夫山泉都喝不到的时候,你觉得会有效果吗?

此时就需要及时从企业人员的催收转入委托律师进行催收。

(2)由非诉讼到诉讼的转变。

催收讲究一个刚柔并济,只有"刚"会失去客户,只有"柔"会失去货款,把握平衡方能从容。

律师的非诉讼催收不是万能的,当进展不尽如人意的时候,需要及时转入诉讼环节。当然诉讼也不意味着大打出手破坏市场,根据我们的经验,只要秉承建设性的原则并保持专业的谈判和沟通技巧,那么也可以达到收回货款,修复客户关系的目标。

有这样的案例,一边我们的委托人在与交易对手打着官司,一边双方还继续做生意,很多人面对这样的案例觉得不可思议,实际上很简单,不论内部人员催收、律师的非诉讼催收还是律师的诉讼催收,不过是解开疙瘩的过程,只要不是遇到老赖,总有建设性解决的可能。

催收,特别是委外催收,包括以诉讼方式进行的催收,是消解恩仇而不是快意恩仇,记住这一点并认真贯彻,必然能达到建设性的目标。

第十六节
法律信息的构成与有效传递的管理

合同的履行过程中,行为的条件、行为的要求、行为的方式、已有的行为结果、作为或者不作为的法律后果等信息也会随着合同的展开过程而流动。因此合同的履行过程也是一个法律信息的识别、分解、传递、流动的过程。

合同的行为是由不同的部门、不同的岗位和具体人员来处理的,每个行为都不是孤立的。法律信息流动不畅、丢失或者被忽视,有可能造成严重的法律后果。例如验收。合同约定:买方收到货物后,应在2日内对于货物的数量、规格型号进行验收,如有异议,验收后3日内书面反馈给卖方。我们抽出异议这个行为来分析。

在合同书面层面，异议包含三个基本信息：时间、方式、反馈的内容；另外还包含一个隐含的信息，即逾期反馈的法律后果，视为货物合规。

时间方面，从收到货物到发送反馈是5日。在内部如何进行法律信息的识别、分解、流动和传递是买方企业自己的事情，但如果管理不好，其法律风险是显而易见的。

验收的人员将验收结果简单反馈给提出异议的人员行不行呢？肯定不行，还需要考虑货物的接受时间，以确定反馈的起算时间与截止时间，否则异议人可能因为其他事情没有及时反馈而耽误了反馈时间。

接收到货物的时间这个信息应该随着验收结果一起流转。因为验货人与货物的接收人往往也不是同一个人，所以这个信息必须来自接收人，因此信息在货物自接收人转移到验收人时，接收时间这个信息也必须同时流转。

我们来看，接收人、验收人的任务看起来与时间没什么关系，但是他们都是为后续的异议服务的，基于合同约定的反馈时间，接收时间这个信息从验收人的行为—验收行为—反馈给异议提出人，也就是说接收时间这个信息在几个行为的流转过程中都要不间断地流转，同时接收人、验收人也要搞清楚其行为与反馈时间的关联。公司需要根据反馈时间这个法律信息的要求，在内部分工流转进行妥当的时间安排。

从合同信息来看，接收人反馈验收人、验收人进行验收、验收结果的反馈都关联着接收时间、反馈时间，这个信息要分解传递到具体人员；从履行信息来看，接收时间要实现从接收人到提出异议人的流转，这样才能确保信息流的完整，保证不出差错。

我们提醒企业务必注意，合同信息的分解和传递具有法律风险的控制功能，是法律风险控制的重要手段。

第十一章

诉讼管理

诉讼可能会带来客户流失的风险，通常企业对于诉讼采取谨慎的态度，但诉讼的迟延也包含着极大的法律风险。例如，当债务人经营状况恶化，可能面临无法收回欠款的结果。在司法实践中我们看到的执行难和越来越多的企业破产便清晰地印证了这一点。

第一节
诉讼时机的选择

诉讼自然要考虑与市场维护的平衡，但也需要考虑诉讼时机的选择，没有哪个企业愿意承担亏损的结果。及时诉讼不仅是效率问题，更是效益问题。

错失时机有多严重呢？我们办理一个诉讼案件，债务人账户上原本有很多款项，但是在前一天已经被另外一个诉讼查封了千万元，等到我方查封之时，已经只剩几万元可以被查封了，这对于数百万元的诉讼而言，显然是个极大的麻烦，之后只能另寻他法，增加了收回款项的困难。

当企业已经进入欠款状态，及时跟踪债务人的状态变化，再根据回款的难度和进度判断诉讼时机就变得非常重要。过早可能会影响市场，过晚则不仅可能失去市场，更重要的是失去货款，最终出现赔了夫人又折兵的悲惨结果。

当债务人已经面临巨额到期债务，回款的周期变得很长，或者一味拖延甚至出现转移资产逃避债务等情形之时，债权人就应考虑诉讼的问题。当然，如果债务人已经面临诉讼、执行甚至失信的情况，那么诉讼也只能是势在必行了。

第二节
诉前准备的始点

合同从洽谈到文本，再到合同履行，是一个完整的过程。任何一个合同都存在诉讼的可能性，因此这个过程从一开始就是一个与诉讼相伴的过程，合作与纠纷是矛盾的两个方面。原则上说诉讼管理从这个阶段就开始了。

但是纠纷是矛盾的次要方面，企业不太可能投入过大的精力去管理这个方面，因此诉讼管理的重要性往往被轻视。正确履行合同的管理以及对偏离的处理等均是合同过程中的事项，因此不要把诉讼管理当做一项额外的需要更多成本的工作，它本来就在企业经营活动中存在，只是我们认识不够，对其管理没有明确化、清晰化而已。

第三节
诉讼管理的工作内容

一旦违约，那么这种诉讼的可能性就变为现实，此时企业法律部门就应当将其纳入专项管理阶段。

纳入诉讼管理后，法律部门对于已经形成的材料和法律问题进行分析，其一是对既有材料和证据进行梳理，弥补相关不足和瑕疵；其二是进行跟踪，对于后续阶段与交易对手的互动按照诉讼的要求进行管理。

我们这里提醒大家，上一段提及的"一旦违约"并没有指明哪方违约，而是各方都有违约的可能。在守约的一方，则是按照原告胜诉的思路进行管理；而作为违约的一方，则是按照被告胜诉的思路进行管理。

胜诉或者败诉与是否适当履行合同当然存在重要的关系，但并非是必然的因果关系。何以如此，我想大家再看看合同履行过程中风险管理部分的"防范陷阱"（第十章第八节）部分会有更加切实的感悟。

这个阶段是法律部门对于纠纷的初步管理，检查合同履行过程与资料，对于不利的部分和相关材料进行补正。对于容易灭失的证据或者难以取得证据特别是证人证言给予固定，对于交易双方的互动介入管理。

而对于重大的复杂的法律关系的合同，则建议聘请专业的律师参与。

第四节
企业要建立诉讼管理的体系

在很多企业的管理理念中，只有应对诉讼，而缺乏对诉讼的管理概念，更遑论实践。

大家看缔约责任[1],我们可以发现诉讼管理从洽谈时候已经存在,证据管理只是其一部分内容。

诉讼管理只是法律部门管理职能深化和延伸,相比一个案件败诉动辄造成几十万、几百万甚至以千万、亿计的损失,其边际成本实在是太低了。

企业会花很大的精力和成本进行战略管理,因为战略失误会导致公司发生很大的损失,甚至破产。而诉讼管理若不去做,给公司带来的损失也不可小觑。因此我们呼吁企业管理者要有诉讼管理的理念,不要等到诉讼了才去找律师,将这条道走到黑。凡事预则立,不预则废,不做好前期工作,往往会带来意想不到的困难,弥补的成本很可能极高,甚至无法补救。

理念应当转化为实际的管理措施,才具有实际价值。我们建议:

1. 建立诉讼管理节点

当对方或者自己一方发生违约,那么该合同事项即进入诉讼管理状态。

2. 进行梳理

对于进入诉讼管理状态的合同,合同文本和已经履行的状态与相关材料进行梳理,有瑕疵的及时进行弥补。

---

[1]《民法典》第五百条:当事人在订立合同过程中有下列情形之一,造成对方损失的,应当承担赔偿责任:(1)假借订立合同,恶意进行磋商;(2)故意隐瞒与订立合同有关的重要事实或者提供虚假情况;(3)有其他违背诚信原则的行为。

3. 指导

对于进入诉讼管理状态的合同,法律部门可以根据具体情况给予指导意见,其后与交易对方的互动要注意与法律部门进行沟通。

第五节
律师遴选

很多诉讼是借助于律师来实现的。这里就存在如何遴选律师的问题。

1. 根据案件要求选择律师

解决案件的策略:如果是简单案件,只是打官司走程序,那么对于律师的要求不高,只需找一个熟悉诉讼程序和技术的专业人士。

如对方是个有价值的客户,希望能在诉讼中达成和解,以便于继续合作,那么由于和解需要律师投入更多的精力,也需要更多的谈判技巧和充分的耐心,则需要经验丰富、富有奉献精神的律师。

如果是复杂疑难案件,则需要考虑选择本领域里比较专业权威的律师。

2. 如何看待律师专业分工

律师是一个非常专业的活动,有不同的专业分工,就像医生一样,医院内部会分成外科、内科、眼鼻喉科等。律师事务所也有类似分工,通常有人会专业从事刑事案件、商事案件、行政案件、劳动仲裁案件,这些是比较大的分类,与企业关联的民事案件还有不少细分。近年来我国经济发展很快,各种新的经济业态不断出现,传统的民事案件的知识和经验结构已经被大大打破,真正的专业能力塑造还有很长的路要走。

与此同时,在我国市场经济发展的不同时间段,律师的职业分工也在同步调整。在初期,律师尚没有专业化分工,一人多能,什么法律问题都能解决的概念还在深深地影响着不少人。就像过去的医生都是全科医生,在业务分工出现那么久之后,依然有人自称"包治百病"。因此在选择律师的时候,要注意选择与案件对应的法律领域相适应的律师。

需要注意的是,以专做某种案件作为执业领域的律师也是极为罕见的,专业化分工不意味着越细越好,因此既要注意专业匹配,规避全能律师;也要认识到专业化分工尚未极为细致,注意识别"专治牛皮癣"的专业人士。

3. 口碑与评价

律师是一个比较专业的活动,并且具有很个性化的特点,与律师的成长程度和执业案件经验具有很强的关联,因此是否胜任案件首先取决于律师的个人业务能力。案件办理的结果与律师投入具体案件的态度和程度有关。以事实为依据是办案的基础，如果投入不够，连基本事实都搞不清楚，那么即便是一个神枪手，如果闭着眼睛开枪，其效果自然不会好的。神枪手还可能瞎猫碰到死耗子，但是不了解案情的律师连捉到死耗子的机会都不会有。因此在选择律师时候，口碑与评价是个很重要的方面。

有句话是，只选对的，不选贵的。合适是一个方面，另外一个方面，也不可以只是选择便宜的。比价是可以理解的，但是对于专业性的事项，只搞比价，恐怕是一种近乎愚蠢的行为。华与华策划公司在机场的海报广告中明确提出过应拒绝投标比价，也许有其道理。

第六节
诉讼过程管理

诉讼案件很专业，几乎在所有的专业性很强的领域，人们都会把一切交给专业人士，然后听由他们处理。在诉讼领域也有这样的情况，有些企业就是把诉讼交给律师，然后就不怎么来参与了。这个处理方式是可能发生问题的。

那么正确的打开方式是什么呢？

（1）明确期望，在此基础上依据事实和法律，共同商定诉讼目标。每个企业都希望追求胜诉的目标，甚至把目标定得很高。这个虽无可厚非，但是也应当与律师沟通案情，根据事实和法律确定合适的诉讼目标，只有这个问题解决了，才能制定比较合适的诉讼策略和具体方案。

（2）充分交流案情，解释清楚交易结构和业务知识。一般而言，律师应当熟悉案件的情况，这个情况可能只是限于知悉了事实，并不意味着理解了事实，更不意味着理解了交易的专业问题。这就是为什么我们看到还需要有专家证人和专家鉴定的辅助，其道理正在于此。

专家鉴定会不会出问题？也会！所以才有推翻专家鉴定的问题。我们不能奢求律师成为专业领域的专家，但是尽可能懂得相关知识，对于更深刻地理解案件的事实，搞清楚案件的本质，强化发现问题、阐述问题的能力，显然是有帮助的。

对于事务性的问题，也不能单纯依赖律师。我们希望企业能够明白，律师办案具有很强的个人特点，律师事务所的管理并不可能具体到每个案件的进展程度，这些是依靠律师本人管理的。显而易见，你很难指望律师有个系统来管理这些事务性的问题。如果律师手上事务繁多，那么这个管理难度就可想而知了。

对于与案件相关的重要事项，公司不能放任不管，要与承办律师(或者律师事务所)实行双重管理,其重要节点性事件如管辖异议、上诉、续封、提交证据期限等公司都要进行管理,以免丧失权利。

第七节
执行管理

在执行管理中,有以下事项是需要注意的。

一、及时执行

执行可能面临的风险之一就是时效问题。法律规定的申请执行时效为两年[1]。一般来说,当事人是不会超过申请时效的。但也有一种情况,如果债务人在判决后即与申请人和解,并主动还款,那么要注意必须在申请时效到期前偿还完毕,否则依然会面临时效逾期的问题。

此类情况,建议先申请并在执行中达成和解,这样才能避免申请执行时效逾期的问题。

除了时效问题,及时申请执行最重要的作用在于防止被执行人逃避执行。在进入执行阶段后,才有适用

---

[1]《中华人民共和国民事诉讼法》第二百五十条:申请执行的期间为二年。申请执行时效的中止、中断,适用法律有关诉讼时效中止、中断的规定。

拒执罪的条件。拒执罪已经超出了民事的范畴，有受到刑事处罚的风险，这个对于当事人的威慑力还是比较大的。

二、如何攻克执行难

尽管执行过程中法院会有查询手段，但企业依然要面对"执行难"的困境，这就意味着从法院层面来看，已经无法查询到可供执行的财产。针对如何解决执行难，我们提出以下思路供大家参考。

（1）代位权。

《民法典》第五百三十五条的主要内容是债权人的债权已经到期，但是债务人对于他的债权和从权利怠于行使，已经影响到债权人的权利实现。

在此情况下，债权人可以以自己的名义对于债务人的债务人提起诉讼，追偿财产，该财产可供执行。

（2）撤销权。

撤销权在执行案件中有广泛的应用。当债务人处分其资产导致债务人公司利益受损，影响到债权人的利益，那么债权人有权撤销其处分，恢复财产原状。以下情形可供参考。

《民法典》第四百一十条，债务人在不能履行到期债务或者发生实现抵押权的情况下，债务人与抵押权人协议变现抵押物以优先偿还抵押人的协议，该形式包括折价或者以拍卖、变卖所得清偿债务。如果该协议侵犯了债权人利益的，可以撤销。

第五百三十八条，债务人无偿处分财产权益的情形，包括放弃债权、放弃债权担保等；或者恶意延长债权履行期限。

第五百三十九条与第五百三十八条的逻辑一样，也是恶意行为：不合理低价转让资产、不合理高价受让资产，或者为他人的债务提供担保，影响了债权人权利实现。

（3）向机关法人的追偿权。

《民法典》第九十八条，机关法人被撤销的，向继任机关主张权利；无继任机关，则向作出撤销决定的机关主张权利。

（4）向股东追偿的权利（或者实控人）。

《公司法司法解释二》第十八条，在公司应该清算中，有限责任公司的股东、股份公司的控股股东未在法定期限内组织清算，导致公司资产贬值、流失、损毁或者灭失，应在此范围内向债权人承担责任。

第二十条，未经清算就注销，则签署股东应当承担责任，此处包括实控人。

第二十二条，解散时公司资产不足偿还债务，在未出资范围内承担责任。

《公司法司法解释三》第十二、十三、十四条对于公司股东抽逃注册资金的，债权人可以要求其承担补充赔偿责任。

（5）向有过错的清算组成员主张损失的权利。

《公司法司法解释二》第二十三条，清算组成员违背法律、法规、公司章程给债权人造成损失的，债权人可以向其主张赔偿。

针对其他第三人，《司法解释二》第二十条有相关规定，未经清算即注销，第三人承诺对公司债务承担责任的，债权人可以向其主张。

针对企业分立与合并，《公司法》第一百七十四、一百七十五、一百七十六条有相关解释，这个大家比较熟悉，就不介绍了。

（6）向高管的代位权追偿。

在通常的代位权中，一般指向债务人的债务人。2023年修订后的《公司法》中，高管因为工作失误而须承担的责任越来越重，那么此部分给公司造成的损失也在公司的追偿范围，也可以成为被执行的财产。例如依据《公司法》（2023）第五十一条第二款的规定，有过错的董事应当承担赔偿损失的责任。这个责任范围是什么？我们的理解，应该是股东无力出资范围内形成的损失，此时追偿股东是没有效果的。那么负有责任的董事是否可以成为被追偿的对象？这些都是可以在司法实践中进一步探讨的。

第十二章

法律资源的流动

合同法律风险的全员管理

合同过程中的每个环节都可能出现法律风险，因此法律要像血液一样流淌在企业运营中，才能达到控制法律风险的实效。然而，企业既不可能要求每个员工都具有很高的水平，更不可能配备法律人员参与每个环节，那么该如何解决法律资源在企业中的流动呢？

第一节
金字塔体制

一个显而易见的情况是,企业的法律人员总是很少的,即便有的企业有了自己的律师事务所或者庞大的法律团队,相对于庞大的员工群体和数量众多的合同行为以及法律风险管控环节,这个群体还是有限的。而更多的企业并不会有自己庞大的法律人员队伍,通常的做法是聘请一个或者几个法律顾问来处理法律事务,那么处理法律事务的专业资源就更有限了。

庞大的法律事务,极少的法律专业人才,要解决这个问题,必须满足两个要求:(1)更多的人来参与法律风险的控制;(2)每个控制者对于其控制的问题,有控制能力。

更多的人当然不是指法律人员,而是企业的员工。为此需要对合同流程中的法律风险的控制点进行分解。根据事情的层级由不同的人进行处理。基本分类如图 12-1 所示。

第一层,常规的问题,系基础部分,数量极大,由员工解决。

第二层,例外和复杂的问题。这部分问题数量已经大大缩小,由企业法务人员解决。

第三层,疑难、专项的问题,由专业法律团队解决。

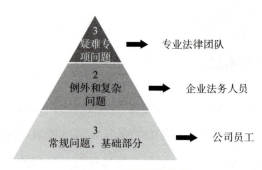

图 12-1 金字塔型分级

这样的金字塔体制是理想的法律风险的控制模式，但问题是，如何让各层级的人员管控法律风险达到法律的要求？这就涉及法律资源流动的机制问题了。

第二节
法律知识流动机制

毫无疑问，以很少的专业人员解决合同履行中的巨量的合同行为的法律风险控制，是企业必须面对的问题。当然我们的法律专业人员不能做到有孙悟空的本领，拔个毫毛就可以分身，但是其知识却是可以复制的。这就为我们实现金字塔的管理机制提供了可能。

一、基础管理

基础管理是针对参与合同过程的庞大数量的员工，

从风险管理的安全角度来说,他们对于法律知识了解不多,识别风险的能力也比较弱,因此我们仅在常识的水平上进行制度设计。

1. 动作准则

合同的内容多种多样,但所有的履行基本上分为两大类,即合同行为的处理和合同履行的证据归集两个功能。这些行为是对于具体事项处理的固定模式,对一线员工的行为要求须具有可操作性的特点,因此对其管理特征是标准化,并制定相应的动作准则。

动作准则前面已有论述,我们在此略加说明。

有些履行合同的行为,例如邮寄、交付、付款等,在履行和证据保留方面都有固定的法律要求,对于这样的行为,就要制定一个规范,形成一套标准化的动作准则。

例如邮寄,基本上可以包括如下标准化动作:(1)邮寄内容副本;(2)邮寄内容简要提示;(3)邮寄单号;(4)邮寄送达的查询;(5)邮件签收的查询截图;(6)如重要的邮件,还需要电话联系对方,以确认收到邮件;(7)签署相关材料整理归档。

类似行为完成之后,还需要根据证据收集的动作规则进行上传、归集。

动作规则是将法律要求固化在合同行为中,员工通过执行动作准则实现法律风险控制,符合动作准则就符合风险控制要求。

动作准则涉及的法律当然是一个广义的理解，还涉及法规、司法解释等。另外还需要注意的是，动作准则同样包括合同内部的管理要求，以我们曾经举过验收异议的反馈问题的例子，合同要求是 5 日时间，那么内部涉及接收、验收、反馈三个环节，每个环节的时间要求如何分配，这个需要依据时间倒推的方式进行管理，当然不是根据每个合同进行个案化的操作，而是要对此类事情有个规则。

法律知识通过这种方式融入企业一线员工的行为中，这个行为准则确保了法律知识贯穿于员工行为中。就以邮寄为例，不管负责邮寄的员工是新员工还是老员工，经验阅历丰富与否，法律知识储备多或少，都不会形成差异。

2. 商务内容的风险控制

合同有些内容具有纯粹商务条款的性质，例如价格，或者涉及表达问题。表述的错误，也容易形成法律风险。

对于此类情形，我们在之前的讨论中已经提及，需要借鉴动作准则的做法，建立特别事项管理清单、字词库、标准表达方式、回头看之类的动作准则。

3. 文本基础库

在合同的形成阶段，双方的谈判具有很大的灵活性和可变性，并且此部分主要依赖于员工来实现。在这个部分，有条件的公司可以提供基础支持，以帮助员工提升合同认识水平和风险控制能力，提高谈判效率。这个部分可以形成几个基本组成部分：

对于企业常见合同，要形成合同内容的行为库，这个是对于合同一般内容的整理，适用于交易双方。

根据企业的具体情况，把交易要求整理出来，形成符合企业经营需要的合同素材，供企业业务人员在谈判中参考。

对于偏离的情况，建议给出偏离的情形样本和处理样本。

通过以上方式，我们尽量把合同的谈判、风险控制、文本的形成变成一个搭积木的模式，这样的工作很重要，是将员工的常识、专业经验与法律知识结合的重要衔接方式。

二、偏离管理

这个是金字塔的中层。

一般说来，一个合同在正常履行的情况下，是依靠动作规则等管理措施来维持风险控制机制的运行，无须法律人员介入。但当合同履行中出现违约或者可能违约的情况，则需要进行相应的法律评估和判断，并决定是否要采取的法律措施。这些情况是非标准动作，因此需要及时反馈到法律人员。一般有以下情形。

（1）对方违约情形。

（2）抗辩权的情形。这个问题就是要解决抗辩权的风险。关于抗辩权我们在控制权讲座部分详细讨论过，不再赘述。

（3）交易对手提出异议的情况。

（4）非违约的例外行为。违约或者可能的违约是合同中最为常见的情形，但还有一些例外，主要是不可抗力或者变更事项。大致情形如下：不可抗力，这个基本上是常识，不再赘述；合同变更的要求；解除合同的通知；其他一线人员认为无法自行处理的事项。

中层管理者一般具有双重职能，其一是对于具体问题的处理；其二是作为中枢，不能处理的问题，引入外部法律资源处理。

对于第一个问题，法律人员进行法律分析，提出应对方案或者下一步工作的注意事项，此类问题应当纳入具体事项的管理，跟踪事项的进展过程。

对于第二个问题，如果法律人员认为有必要引入外部法律资源进行处理，那么则要交给常年合作的法律顾问或者另行选择专项律师，而企业法律人员则以组织和管理具体事项的处理工作为主。

三、顶层问题的处理

顶层问题即超出企业法律人员解决能力范围之外的

复杂疑难问题，这一部分依靠引入的专业律师来解决。主要分布在两个方面。

1. 合同审查

这个问题上需要做好的事情是建立法律人员审查意见的采纳机制，合同文本部分对此进行了比较详细的阐述，详细情况请参考该部分。

有的企业会把一些合同审查工作交给内部法律人员负责审查，其管理模式同上。

2. 偏离下的复杂事项的处理

在这个阶段，以法律人员的意见为主导，参与合同的一线人员更多的是提供事实材料。

第三节
强化群防群治的思维氛围

在制度上我们是以普通员工不具有任何法律知识为底线思维进行的制度设计，制度建立在常识的基础上。然而实践中各种违约以及例外也是复杂多样的，制度不可能全面覆盖。职工的法律素养也需要经过一个培训的过程，因此，培养员工的法律意识和思维方式就具有很实际的意义。

不少企业给员工培训合同法、担保法之类，不能说没有用,但是因为针对性不强,效果往往不佳。

我们认为企业的法律培训需要进行重要的调整,切实结合目标制定培训安排。有效的培训包含以下方面。

1. 培训的主导方面是内容是准则

不少企业很重视法律工作,特别是法律培训。毫无疑问这个是好事情,但这项工作却有无的放矢的倾向。试问培训合同法、诉讼法这样专业的法律条文,你是要你的员工成为法律专家吗?如果是,那这个蜻蜓点水式的培训能达到目标吗?如果不是,培训如此专业的法律知识,意义又何在呢?

从金字塔的防控体系来看,我们的每个员工要搞清楚其岗位涉及的合同行为,搞清楚参与合同行为中要遵守的准则。为了实现这个目标,需要以动作准则等基本管理工具为基础,进行操作培训,让员工搞清楚自己的岗位动作的规范要求,熟悉自己岗位范围内的风险控制要求。

2. 培养员工的法律意识

法律意识不同于法律知识,是一种敏感性和警惕性,也体现了员工的重视程度。就像健康卫生意识一样,新冠疫情之前,让大家戴口罩,是一个很难被接受的事情,主要还是防范意识不到位。新冠疫情来了,大家就积极戴口罩了。疫情过后,很多人依然保持了戴口罩的习惯,这就是卫生健康意识强化的结果。在企业文化建设中,法律意识的培养也是其中一个重要的组成部分。

在这里我们特别推荐后果警示的培训方法。

正面的,是以法律要素的管理制度为主的培训,形成对员工的正面引导;反面的,是以败诉案例,特别是管理不到位引起的败诉案例为主要内容的后果警示培训。对于员工的培训要搞清楚目标,不是让他们具有丰富而系统的法律知识,而是让他们具有强烈的法律意识。为了实现这个目标,后果警示的反面案例比较容易产生直接有效的作用。

3. 抗辩性思维方法的培训

我们在前面的内容中专门讨论了抗辩性思维及其运用场景。员工没有专业的法律知识,不代表他们不能发现问题,关于这一点,抗辩性思维的章节部分已经讲得很清楚了。

抗辩性思维是对于员工所已经具有的常识的加持,有了这样的思维方式,员工就有了观察问题、思考问题和反思问题的能力。参与合同法律风险的控制不再是一句口号,而是变成了员工力所能及的事情。这不仅仅在心理上给了员工信心,提升了其主观能动性,客观上也让其具备了相应的参与能力,能够真正发挥作用。主客观认知的良性互动将有助于企业法律文化的建设,真正奠定合同法律风险群防群治的坚实基础。

第十三章

合同诈骗的识别

有句玩笑说，如何发财的最快捷方法都写在《刑法》里。与合同管理有关的罪名是合同诈骗罪；在国有性质的企业中，相关责任人还有签订、履行合同失职被骗罪。虽然此罪名不涉及民营企业，但是带给企业的损失是一样的，而且也没有哪个企业，即使是民营企业会对员工的失职置若罔闻而不追究其责任。因此无论从企业还是从员工自身来说，全面加强对于合同诈骗的识别和控制，都是十分必要的。

本章我们对合同诈骗的有关问题进行探讨，帮助大家识别合同诈骗的风险。

第一节
合同诈骗的基本形式

合同诈骗可以分为硬骗和诱骗。

所谓硬骗是局限于一个合同,在一个合同中完成诈骗行为。例如没有履约能力或者根本不想履行合同,支付少量货款甚至不付款,在骗取大量货物后销声匿迹。变相的手段有:以次充好、偷换标的[1]。

而诱骗则是通过多个合同相互关联,实现诈骗。诱骗更为复杂,对当事人的利益损害往往也会更大。有的诈骗者会和企业进行多次交易,每次都会很"诚信"地履行合同,取得被骗者的信任,然后实施诈骗。

第二节
虚构事实或者隐瞒真相的诈骗

为了掩盖其没有履约能力的事实,诈骗人往往会对其履行能力进行虚假陈述。类似的手法是误导性行为或者隐瞒重要信息[2],还有一种是夸大某些不确定的稀缺

---

[1] 大耳羊诈骗案。
[2] 隐瞒合同被解除的事实案例。

可靠资源或者某个关系、某个秘密信息等。

在此类合同诈骗中,诈骗者所陈述的情况有一个共同特点,就是难以被证实。

还有的情况比较容易被证实,但因为大意,认为诈骗者所虚构的事项不可能发生,而容易被当事人忽略。例如有诈骗者谎称获得总包合同,然后向很多人"发包",骗取保证金;还有的诈骗者所出示的合同是真实的,也是原件,但该合同却已经被解除因而不具有法律效力。诈骗人隐瞒了合同被解除的事实。

对策:阴谋是可以被戳穿的,就是要对交易对手进行相应的尽职调查。当然因为成本问题与各种可操作性,没有必要对所有的交易都进行尽职调查,因此有必要查明异常、可疑情形。一般而言,下列情形需要特别注意。

初次交易的企业、成立时间比较短的企业、注册资本很大但实缴资本很小并且上级控股公司注册资本很小的企业、轻资产公司。

另外,企业需要考察交易是否为交易对手所需要,交易要么为贸易需要,要么为生产需要,而如果一个交易看起来与企业正常的经营活动无关却没有合理的解释,那么存在诈骗的可能性会大大提高。

有些人虚构订单,把订单作为诱饵。对于诱饵合同,要注意查明其真假,此类查明相对来说比较容易。

可以向诱饵合同的相对方查实,例如,谎称取得总包合同的,只要向业主方查询即可。

对于可以广撒网的情形则要特别注意。例如手握总包合同,就某项业务进行采购而向众多的投标人收取所谓的保证金。此种情形要注意的是招标的方式,如果是通过招标代理机构进行的规范招标,那么因为有代理机构审查,其风险相对小一点;如果自行招标,还要求保证金直接进入招标人的账户,那么就要注意了。如果是所谓的议标,找上门来,或者有什么人得知这个"非公开信息",送"机会"上门,那就要特别注意是否为诈骗陷阱了。

第三节
合同下的诈骗

对于利用多个合同取得信任而后进行的诈骗,一般我们要注意观察与对方交易的情况。这些诈骗者一般不会改变交易模式,但是会放大规模,例如预付30%取得货物,在交易额为十万甚至三五十万的时候,往往不会有风险,因为诈骗价值小。但如果交易额突然放大到500万元甚至上千万元,那就要注意了,交易规模的扩大意味着诈骗价值的扩大。

对企业而言,存疑但潜在的交易机会,确实是一个非常难以把握的问题。从心理上来说,企业不愿意放弃每个商业机会。对于商业风险而言,高风险高利润,有些企业的风险偏好可能是以承担商业风险的方式开展业务,冒着被诈骗的风险而争取商业机会,对此我们认为无可厚非,但是建议做好风险控制。需要观察异常现象:

对于异常突然的交易规模放大,需要特别警惕,此时我们要仔细梳理与对手的交易历史,交易变化的情况。

注意价值控制,面对异常变化,要调整交易条件,控制价值释放。这个问题我们在合同文本签订过程中的风险控制已经有所论述,大家可以参考。

第四节
以小博大的诈骗

有些诈骗和正常交易之间的界限是比较难区分的,例如合同诈骗中以小博大的形式。

诈骗者本身没有相应的支付能力,但是他先搞小额合同,履行得很好,或者部分履行合同,取得了交易对手的信任,再继续签订和履行合同,等到其控制的价值比较大的时候,其"诚信"的一面就突然消失了。

此种情形在罪与非罪之间确实难以有个明确的界

限，识别也比较困难，也正是因为这个特征，让犯罪分子有机可乘。

要防范此类风险，我们需要加强对交易对手能力的考察，对于多次交易者特别是贸易类的交易者，当合同数额不断增高，特别是突然增高时要重点考察和控制。

第五节
担保形式的诈骗

担保行为可以让人增加信心，总觉得会使合同的履行更具保障性，风险更小。那么这种信心也会让人陷入麻痹大意。我们特别要注意时间差的问题。担保是不需要立即兑现的，要当被担保人无法履行合同义务的时候，才会出现兑现担保的问题。这个时间差也往往让被骗者的警惕性减弱。

这种诈骗形式往往是发生在质押环节，其表现是使用伪造的或者作废的票据进行质押担保。对于票据，很多人并不熟悉，而即使熟悉也很难辨别其伪造或者作废的情况。质押的特点是质押物已经在你的掌握中，所以比较容易掉以轻心，往往失去了核查其真伪或者有效性的警惕心。

另外一种是伪造虚假的产权证明，这种情形在《中华人民共和国刑法》中有明确约定。一般看来,这种涉及产权证明的担保需要抵押,造假成功的可能性不大。但是最危险的地方往往也最安全。例如有些人并不去办理房地产抵押手续,而是将产权证"控制"在自己手中。

还有的是打时间差概念,以产权证明作为担保,但是在涉及交易条件的实现节点上,其在抵押完成的日期之前就已经取得了相当一部分价值。

所以面对此种担保,需要高度重视价值释放。如果交易条件是在担保的登记手续之前就必须释放较大价值,那么就需要对此类担保物的真实情况核查确认。

第六节
隐蔽形式的诈骗

有些诈骗看似正常,完全在正常履行合同但实则暗藏玄机,在贵重金属等领域尤其容易出现。诈骗方将材质进行处理,以中间填充水泥或者其他材料充当标的物进行交付。或将过期产品更改日期,冒充正品进行销售等。

此类诈骗的基本特征是在货物交付前,至少在交付后的质量检验之前,已经收取了全部或者大部分货款。

大家回顾一下前面章节我们在行为的交换属性中所

讨论的价值验证过程,那么再来理解诈骗罪,会有更多的感悟。

在这种诈骗行为中,往往卖方可能会疏于检查,如果是国有企业,那么相关责任人可能会涉嫌履行合同失职被骗罪。

第七节
"协议变更"的诈骗形式

正常履行合同一般风险不大,因为文本经过内外部审查,对于交易条件的风险是有预期可控的。但是在履行中的变更则不同,很难经过严格把关,容易产生疏漏和风险意识的懈怠,有些诈骗就是借助合同变更的形式进行的。

其中一个情形是变更后的交易条件极为有利于对方,并且在该变更下我方将会付出较多价值。这种情形下,交易对手和诈骗方往往就是同一个主体。

让我们来看这样的一个诈骗案例。

某钢铁公司与某贸易公司签署了钢材买卖合同,付款很及时,有时候还会协商提前付款,请求提前发货,信誉非常好。交易几次之后,双方建立了良好的合作关系。有一次,签署的合同金额很大,也与以往一样,首期支付少量定金,付款后发货。在即将发货的前期,一个星期五,贸易公司打来电话,说客户紧急要求提货,请钢铁公司安排发货,公司这里会立即准备汇出款项。之后则说自己一方的原因暂时付不了款,请钢铁公司放心发货;过一些时间则告知自己一方问题已经解决,去银行办理付款,结果银行又出问题,汇款暂时不能办理,请钢铁公司放心。结果呢,快下班时候告知银行问题还没有解决好,周末银行对公停止,但银行说了周一肯定没有问题,请钢铁公司放心并先行发货。到了周一上午还在不停通话,报告汇款进展情况。然而结局是什么样子呢?钢铁公司周末加班发货,贸易公司终究也没有付款,周一的障眼法也掩护了钢材的实际转移。从此该贸易公司杳无音信。

这种风险之所以会发生,基本上具备以下条件:

(1)双方有多次交往;

(2)交往中诈骗方建立了"良好的商业信誉";

(3)特殊情况出现,特事特办。

变更中的风险之所以能衍生为诈骗,因为其变更的内容基本具有导致重大损失的因素:

(1)充分考虑交易条件是否形成了对于公司的重大不利和失控风险;

(2)如对方违约或者诈骗,是否可能产生重大损失。

◆ **主体特征**:一般为贸易公司或者其他轻资产的

公司，此类公司并非持续正常经营，也不太可能与被骗公司长期交易，而是在短期内多次交易，迅速制造实力强、信誉好的"人设"。

◆ 建议：当出现以上情形的时候，对于变更需要进行严格的把关和论证。

如果对方提供相应的担保或者其他切实可以控制风险的措施，可以考虑变更，否则建议拒绝。

还有一种情形，就是价值脱离原交易对手的控制。例如将货物发往第三方，将货款付给第三方。此种情形之所以发生，往往在于伪造的公章不容易被发现，另外是受骗方警惕性不高。因此当出现此类指令时，公司务必向交易对手了解确认，该了解确认的渠道应该是向交易对手直接了解。特别提醒，该确认渠道务必避开指令的通知人，否则无非是给诈骗方自我证明的机会。

第八节
机不可失的陷阱

诈骗者往往也是心理学上的专家，善于营造让受骗者急于短时间进行决策的氛围，干扰受骗者的理性思考。

此种情形多见于投资合同，其项目有令人心动的投资回报，尽管风险很大，但高收益已经足以令人甘愿承担风险；或者投资回报虽然没有那么高，但也比较高，高于一般的情形，且最吸引人的是具有很高的安全性。此两种要素的组合足以吸引很多的投资者。

对于这些项目，往往伴随着投资机会难得的氛围，需要及时决策投资付款，手慢无。

面对令人心动的投资，受骗者往往会在短时间的洗脑中上当，盲目作出决策。这种诈骗的受害人除了自然人，同样有企业甚至机构。如果我们观察一些上市公司的披露，不乏为了追求高回报而陷入的信托陷阱。

遇到此种情况，一定需要注意理性分析，理性决策。高额回报的依据与合理性在哪里？抢手的信息为何落到了你的头上？既然这么抢手，自然有很多人趋之若鹜，为何你对面那个人还要催着你投资呢？

机不可失是一个很有诱惑力的事情，很多人在这种心态下成为诈骗者的猎物。诈骗者"专业研究"各种诈骗方法，只有你想不到，没有他想不到做不到。

面对诈骗，我们觉得此时抗辩性思维具有很重要的作用，为何这么好的机会偏偏就降临到你的头上？如果大家都有的机会，还是机会吗？搞清楚以上问题，也许你被骗的几率会大大降低。

第九节
"中介"诈骗

中介是一个合法的行为,《民法典》第二十六章就是对于中介合同的专门规定,但提供签订合同的媒介服务却被用于骗局。在买方市场的大的经济环境中,相比较涉嫌犯罪的"围标""商业贿赂"这种高风险的方式,一些企业会更倾向于寻找"代理人"寻找商业机会,这也给诈骗者提供了施展诈骗的机会,这种方式往往是以中介合同的方式进行的。

与此相似的还有所谓的"跑项目"等,这些诈骗的共同点是有关系、有资源、能搞定,而这些资源和关系则是不可捉摸,不可实证的。当然,你不能把骗子安排的一个与某领导见面的机会就当作"搞定了关系",只有结果才是硬道理。

面对"中介"诈骗,其对策很简单,那就是以成功作为付费标准,所谓的前期费用等,均不可以作为合作条件。

图书在版编目(CIP)数据
合同法律风险的全员管理/乔文湘,夏瑜杰著.
上海:复旦大学出版社,2024.11. -- ISBN 978-7-309
-17513-4
Ⅰ.D923.64
中国国家版本馆 CIP 数据核字第 2024F644Y4 号

合同法律风险的全员管理
乔文湘　夏瑜杰　著
责任编辑/姜作达

复旦大学出版社有限公司出版发行
上海市国权路 579 号　邮编:200433
网址:fupnet@fudanpress.com　http://www.fudanpress.com
门市零售:86-21-65102580　团体订购:86-21-65104505
出版部电话:86-21-65642845
上海四维数字图文有限公司

开本 890 毫米×1240 毫米　1/32　印张 10.875　字数 192 千字
2024 年 11 月第 1 版
2024 年 11 月第 1 版第 1 次印刷

ISBN 978-7-309-17513-4/D·1196
定价:56.00 元

如有印装质量问题,请向复旦大学出版社有限公司出版部调换。
版权所有　侵权必究